공자의
마지막
공부

운명을 넘어선다는 것

공자의 마지막 공부

초판 1쇄 발행 2020년 9월 24일
초판 4쇄 발행 2020년 11월 12일

지은이 김승호
펴낸이 김선식

경영총괄 김은영
책임편집 김상영 **책임마케터** 최혜령
콘텐츠개발8팀 최형욱
마케팅본부장 이주화
채널마케팅팀 최혜령, 권장규, 이고은, 박태준, 박지수, 기명리
미디어홍보팀 정명찬, 최두영, 허지호, 김은지, 박재연, 배시영
저작권팀 한승빈, 김재원
경영관리본부 허대우, 하미선, 박상민, 김형준, 윤이경, 권송이, 김재경, 최완규, 이우철
외부스태프 표지 霖 design 본문 장선혜

펴낸곳 다산북스 **출판등록** 2005년 12월 23일 제313-2005-00277호
주소 경기도 파주시 회동길 357, 3층
전화 02-702-1724
팩스 02-703-2219 **이메일** dasanbooks@dasanbooks.com
홈페이지 www.dasanbooks.com **블로그** blog.naver.com/dasan_books
종이·인쇄·제본·후가공 상림문화인쇄

ISBN 979-11-306-3170-7 (03140)

다산북스(DASANBOOKS)는 독자 여러분의 책에 관한 아이디어와 원고 투고를 기쁜 마음으로 기다리고 있습니다.
책 출간을 원하는 아이디어가 있으신 분은 다산북스 홈페이지의 '투고 원고'란으로 간단한 개요와 취지, 연락처 등을 보내주세요.
머뭇거리지 말고 문을 두드리세요.

공자의 마지막 공부

운명을 넘어선다는 것

김승호
지음

다산
초당

과학으로서의 주역에 대해

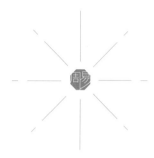

오늘날에 와서 세계의 많은 지성인들이 주역에 큰 관심을 보이고 있다. 이런 추세는 이미 몇 십 년 전부터 시작되었는데, 이는 도대체 어찌된 일일까? 예전에 주역은 단지 동양의 고전에 불과했을 뿐이다. 하지만 이제 주역은 인류의 중요 학문으로 자리잡아 가고 있다. 이는 과학이 발달함에 따라 주역을 새롭게 조명하고 있기 때문일 것이다. 미국이나 유럽에서는 특히 과학자들이 주역 연구에 뛰어들고 있다.

주역이 유럽의 과학자에게 전달된 것은 가톨릭 신부를 통해서였다. 이 신부는 교황청에 신부직 사직을 청원해서 허락을 받았고, 이후 그는 평생 동안 주역을 보급하는 데 앞장섰다. 한편 당시 세

계 최고의 과학자였던 독일의 라이프니츠Gottfried Wilhelm Leibniz
는 주역을 접하고 깊은 연구를 진행한 끝에 현대 과학의 이진법 체
계를 발명했다. 주역은 그 자체로서 과학의 영역에 속하지만, 예전
에는 선비들의 인격 수양에 관한 학문으로서만 이해되었다. 지금
은 서양의 과학자들에 의해 또 다른 자리매김을 하게 된 것이다.
현재에 이르러 주역이 무엇이냐고 묻는다면 나는 단언할 수 있다.
그것은 과학이라고. 이는 내가 이 책을 쓰게 된 이유이기도 하다.

　일찍이 공자는 평생 주역을 공부하고도 모자라 수명의 짧음
을 한탄했다. 공자에게는 주역이 그야말로 일생의 마지막 공부였
던 것이다. 이 책의 제목을 '공자의 마지막 공부'라고 한 것은 그러
한 배경에서다. 하지만 제목보다는 내용이 중요할 것이다. 기실 내
용을 따지자면 주역은 인류 최대의 학문이다. 이것은 차츰 밝혀질
일이지만, 먼저 주역 연구의 최근의 상황을 보자. 최근이란 인류가
자연의 지리에 눈을 뜨기 시작한 시점을 의미한다.

　과학자 아인슈타인은 죽을 때 머리맡에 주역 책이 있을 정도
로 주역을 가까이 두고 연구했고, 세계적인 물리학자 닐스 보어
Niels Henrik David Bohr는 노벨상을 받는 자리에서 그의 주역에 대
한 애정을 공개적으로 밝힌 바 있다. 아인슈타인의 상대성원리와
닐스 보어의 상보성원리는 모두 주역의 핵심 원리인바 그들은 그
것에서 자신의 과학을 완성했던 것이다. 정신분석학자 카를 융Carl
Gustav Jung은 주역에서 인간의 정신세계를 깊게 관찰할 원리를 발

견했으며 주역 연구소를 만들어 인류에게 주역을 보급하고자 했다.

나는 젊어서 자연과학, 수학, 생물학, 정신분석 등을 공부했고 병법과 동양 고전, 불경들을 접했으며 주역도 50여 년간 연구해 왔다. 지금은 그 무엇보다도 주역에서 우주 대자연에 대한 깊은 통찰을 얻고 있으며 이에 큰 보람을 느낀다. 앞으로 남은 생애 동안에도 주역 연구에 몰두하겠지만 다시 태어나도 이 길을 걷겠다고 생각한다. 주역은 그만큼 위대한 학문이기 때문이다.

성인인 공자가 주역 연구에 평생을 바쳤던 것도 이런 이유에서다. 이제 주역은 과학자와 지성인의 몫이 되었지만 일반인도 주역을 공부함으로써 얻는 이익이 말로 다 할 수 없을 것이다. 주역은 대자연의 존재 원리와 인간 사회의 섭리를 보여 준다. 이 책에서는 주역의 전문가는 물론이고 처음 주역을 접하는 사람도 쉽게 이해하도록 현대적인 논리를 사용하였다. 나아가 공자의 마음을 살펴봄으로써 성인이 가르치고자 하는 바도 밝히고 있다. 독자 여러분은 차분히 읽기만 하면 된다. 어려움은 별로 없을 것이다. 천지신명이 인간에게 주역을 남겨 준 것을 감사하며 여러분의 무궁한 발전을 기원한다.

2020년 9월 초운草雲 김승호

공자가 걸어간 길을 따라서

주역은 인류 최대의 학문으로서 먼 옛날부터 성인의 학문이라 일컬어지고 있었다. 이는 주역이 위대하고 난해하기 때문일 것이다. 공자는 50세에 주역을 접하고 크게 기뻐하였으며, 이후 이를 평생 연구하고도 모자라 수명의 짧음을 한탄한 바 있었다.

성인으로서 우주의 섭리를 깨달았을 공자가 주역에 그토록 힘을 쏟았던 것은 주역이 그만한 가치가 있기 때문이었을 것이다. 주역이 도대체 무엇이기에 성인조차 이처럼 관심을 집중했던 것일까? 알려진 바에 의하면 주역은 만물의 뜻을 규명하는 학문이라고 하는데, 세상에 존재하는 만물의 뜻을 규명한다고 하니 과연 최고의 명제라고 아니할 수 없다.

공자가 세상을 깨달아 가는 과정에서 주역을 만나 그 경지를 최상으로 높였으리라는 것은 쉽게 짐작할 수 있는 일이다. 그렇기에 수명의 짧음조차 한탄했던 게 아닐는지! 하지만 공자는 일찍이 주역의 모든 것을 깨달았을 터인즉, 수명이 짧음을 한탄한 것은 주역에 대한 존경심과 아울러 자신이 죽으면 주역을 더 이상 접하지 못할 것에 대한 아쉬움을 피력한 것일 뿐이다. 실제로 공자는 주역을 소상히 해석하였고 그로 인해 오늘날 인류는 주역에 관심을 갖게 된 것이다.

이제 우리는 차분한 마음으로 성인을 뒤따라가며 연구를 시작하면 된다. 주역이 제아무리 어려운 학문이라 할지라도 그 안에 존재하는 논리를 찾는 것이 불가능하지는 않을 것이다. 신비란 모를 때 신비이지 알고 나면 평상의 논리에 편입될 수밖에 없다.

먼 옛날 공자도 그와 같은 과정을 거쳐 마침내 주역의 깊은 섭리를 파헤쳤을 것이므로 우리도 그렇게 하면 된다. 급할 것은 없다. 차분히 알 수 있는 것부터 풀어 나가면 그 어떠한 문제도 마침내 그 전모를 드러낼 것이다. 이제 순서에 따라 주역의 세계로 들어가 보자.

1부

공자가 평생의 숙원으로
삼은 공부, 주역

01

8괘란 무엇인가?

만물을 나누는 8가지 요소

8괘는 주역을 이루는 원소를 말하는데 이는 8개의 요소로 만물의 뜻을 다 밝힐 수 있다는 뜻이다. 세상이 그렇게 간단하다는 것이 놀라울 뿐이지만 그럴 수밖에 없다. 천지 대자연이 탄생할 때도 간단한 것으로 시작할 수밖에 없었기 때문이다.

세상에 많은 사물은 일일이 하나씩 창조될 수는 없다. 그렇게 되면 창조는 끝이 없을 것이다. 자연은 단순한 법칙을 통해 간단한 것에서 차츰 복잡한 것에 이를 수 있는 것이다. 복잡한 것은 단순한 것의 중복 작용으로 이해될 수 있다. 그래서 우리는 만물의 근간에 무엇이 있는가를 생각하게 되었고 그 결과 8괘를 발견하게 된 것이다.

8괘의 내용은 단숨에 다 얘기할 수는 없다. 이는 차츰 이해해 가다가 갑자기 깨닫게 되는 내용이다. 여기서는 8괘를 간략하게 소개하고자 한다.

☰(천天)

주역의 괘상은 사물의 범주를 나타낸 것으로 상대적 개념이다. 그 중 첫째 괘상이 ☰(천)인바 이는 모든 것에 우선한다는 뜻이다. 하늘이 바로 그것인데 이를 양이라고 부르기도 한다.

우주 대자연이 시작되기 전에는 양이라는 것이 스스로 존재했었다. 이것은 만물을 창조하는 힘으로서 그것은 어떤 원인에 의해 존재하는 것이 아니다. 모든 원인을 앞서 있는 ☰은 그저 스스로 존재할 뿐이다.

상대적 사물로서는 하늘, 에너지, 남자, 아버지, 정부, 왕, 돈 등을 들 수 있다. 이러한 사물 등은 만물의 작용에서 먼저 나타나는 것들이다. 가정은 아버지로부터 시작하고 우주 만물은 하늘로부터 시작한다. 경제라는 것은 돈으로부터 시작되고 연애는 남자의 구애로부터 시작하는 것이다.

☰은 능동적이고 선행하는 것이고 작용의 동기가 되며 강력한 힘을 가지고 있다. 왕이나 정부, 사령관, 두목도 그러한 개념에 해당된다. 우리의 우주는 생긴 이래로 팽창을 계속하고 있는데 그 원동력이 바로 ☰이다. 자연과학에서는 암흑 에너지라는 것인데 최

근에 발견된 사물이다.

세상의 모든 사물은 ☰이 아니면 시작할 수도 없는 것으로 ☰은 창조 그 자체를 나타낸다. 진화라는 것도 그 내면에 ☰이 작동하고 있기 때문에 존재하는 것이다. 대자연에 ☰이 존재하기 때문에 우주는 살아 있는 존재가 된다. ☰은 우주 모든 사물에 활력을 주고 그 자체는 불멸의 존재이다. 신이나 정신, 영원, 정의, 계획, 명령 등도 다 같은 개념이다.

주역의 ☰개념은 신보다 근원적인 개념으로서 ☰이 없으면 신이라는 개념도 존재할 수가 없다. 주역에서 ☰은 기운을 의미하는 바 모든 사물은 기운이 있어야 존재하는 법이다.

☷(지地)

우주에 양이 있음으로 해서 뒤이어 음이 나타났다. 음이란 수동적이고 원인에 의해 발생하는 존재이다. 우주의 최대 법칙은 평등, 대칭 등인데 양이 원래부터 있어서 이는 우주의 평등을 해치는 존재인 것이다. 그래서 균형을 맞추기 위해 음이 등장했다.

우주에 허공이 있으므로 물질도 있는 것이다. 지구, 별, 땅 등이 지고 상대적 개념으로서 여자, 어머니, 부드러움이 지며 물질, 실질 등도 같은 개념이다. 우리는 주역을 모르더라도 음과 양을 구분할 수 있다. 이는 의식의 근원에 음양이 존재하기 때문이다.

세상은 밝음이 있으면 어두움이 있고 정신이 있으면 육체가 있고 하늘이 있으면 땅이 있는 법이다. 음과 양은 서로의 존재를 가능케 하는 개념이다. 하늘은 모든 것에 우선하는 개념이고 땅은 모든 것의 뒤에 따라오는 개념이다. 여자의 수동적인 태도는 여기에서 나오는 것이다.

지구, 땅, 이것은 세계, 무대 등의 뜻이 있고 고향, 조국, 영토, 가정이란 뜻이 있다. 세상에는 먼저 뜻이 있고 그 뜻을 현실화시키는 것이 바로 음인 바 지地라고 부른다. 주역에서는 지를 땅이나 물질을 나타낼 뿐만 아니라 상대적 개념으로서 뒤따르는 모든 것을 표현한다. 어머니, 아내, 여자, 아랫사람, 죽음, 흙, 물질, 음식 등이 그것이다.

세상에 존재하는 것은 양 아니면 음이다. 또한 음이 아니면 양인 것이다. ☰과 ☷(지)는 우주의 가장 근원적인 원소로서 서로 상대적이고 또 상보적이다. 인류의 과학은 처음엔 땅이 전부였다. 오늘날에 와서는 암흑 에너지라는 양이 발견되었다.

순서는 양이 먼저지만 인간이 그 음을 먼저 알게 되고 차츰 정신이라는 것을 발견했기 때문에 저 하늘에 있는 양도 나중에 인식하게 된 것이다. 예부터 인류는 신이나 정신, 귀신 등 물질 아닌 존재에 대해 인식해 왔으나 그것들은 땅의 음적 성질과 반대되는 것에서 착안한 것이다. 만물은 하늘이 낳았으나 그것은 땅 위에 살고 있는 것이다.

☲(화火)

우주 태초에 빛이 나타났다. 이것은 순수한 양이 결실을 맺은 것이다. 우주 하늘의 보배는 빛이다. 이것은 대자연의 창조 과정에서 우선적으로 나타난 사물이다. 빛이 없으면 생명이 탄생할 수 없으며 우주의 모든 별들도 빛에 의해 만들어진 것이다.

☲(화)는 상대적 개념으로서 빛, 희망, 남자의 힘, 명예, 정신, 질서, 문명, 문화 등을 나타내고 아름다움이란 개념 자체가 바로 ☲다. 꽃은 아름다움을 상징하기 때문에 ☲에 해당되고 앞날에 희망이 보일 때 우리는 전도가 밝다고 말하는데 이를 괘상으로 표현하면 ☲가 된다. ☲는 자연계에 존재하는 빛으로 시작하여 모든 밝음을 나타내는 것이다.

진화의 목표도 ☲가 되고 성공이라는 개념도 ☲에 포함된다. 행복하면 마음이 밝아지는바 기분이 좋은 것도 바로 ☲를 뜻한다. 세상에 밝음이 있어 우리가 살 수 있으며 또한 더 밝은 세상으로 나아가는 것이다. ☲는 만물의 아름다운 결실이다. 사랑이란 것도 인생의 아름다운 결실이다.

☵(수水)

그리스의 철학자 탈레스Thales는 우주에 물이 가장 먼저 생겼다고 하는데 이는 땅의 생명력을 말하는 것이다. 어두움이 바로 ☵(수)인 바 우주는 어두움에서 시작한 것이 틀림없다. ☵는 땅의 보배로서 ☶와 함께 우주에서 가장 소중한 사물이다.

실생활에서는 물은 실패를 뜻하고 불안을 뜻하고 어두움을 뜻하는바 인생의 실패도 ☵로 표현한다. ☵는 ☷에서 나온 생명력으로서 순음인 ☷에 활력이 깃든 모습인바 생명체를 뜻하기도 한다. 오늘날 과학자들은 우주에서 물을 발견하고자 하는데 그것은 ☵가 바로 생명체의 존재를 의미하기 때문이다.

물이 있는 곳에 생명체가 있다. ☵는 풍부함을 뜻하고 어린아이, 어두움, 냉정, 공포 등을 뜻하며 자본, 재료를 뜻하기도 한다. 괘상은 딱히 정해진 사물을 뜻하지는 않지만 수많은 사물의 정체성을 표현하는 절대적 표현 방식이다. 우리는 괘상을 통해 우주의 다양성을 깨닫게 된다.

☴(풍風)

자연에 존재하는 실물로서는 바람을 나타낸다. 그리고 소통, 소식, 도로, 자유 등을 뜻하기도 한다. ☴(풍)은 ☵가 흐름을 나타내는 것으로 세상의 모든 흐름이 바로 ☵이다. 실제의 바람이나 유행, 어떤 사람이 허망한 생각을 할 때도 이를 바람이라고 하고 남편이 다른 여자를 만나는 것도 바람이다.

바람은 한 곳에서 다른 곳으로 흘러간다는 뜻이 있기 때문에 대자연은 ☴을 통해 서로 기운을 공급하고 교환하고 있다. 바람은 새로움을 뜻하기 때문에 ☴이 없으면 만물은 변화가 없게 된다. 우주가 이렇다면 죽은 우주가 되겠지만 우주는 무엇인가 흘러가서 한 곳의 기운이 다른 곳으로 파급된다.

사람의 성격으로서 시원한 성격, 외교적 성격, 융통성 등을 뜻하고 새 물건도 ☳에 해당된다. 그리고 심각하지 않은 단순한 사물, 사건 등도 ☳으로 표현하고 우연도 ☳에 해당된다. 우리의 인생은 항상 새로운 사건에 부딪치며 살아가는바 바로 ☳을 뜻한다. ☳이 없으면 세상은 제자리걸음이 된다.

☱(택澤)

물이 담겨 있는 것이 ☱(택)인바 연못이 그에 해당된다. 그런데 연못은 물이 담겨 있는 것도 뜻하지만 ☱은 무엇이든 담겨 있는 모든 것을 뜻한다. 방에 아이들이 모여 있는 것, 아이가 엄마로부터 보호받고 있거나 정부가 국민을 보호하고 있는 것도 ☱에 해당된다.

☱은 사물뿐만 아니라 정신적인 것도 표현하는 바 기쁨이나 행복도 바로 ☱에 해당되는 것이다. 만물은 담겨 있으면 안정되는데 ☱이 바로 담겨 있어 안정된다는 뜻이다. 우리가 고향 땅에 있을 때 주변의 모든 사물로부터 보호받는 느낌을 받는데 이는 익숙한 것으로부터 보호받기 때문이다.

사랑의 행위, 특히 받는 사람은 바로 ☱이다. ☱은 ☳과 대조적으로 정지와 흐름을 나타내는바 이는 정착과 새로움을 뜻한다. ☱은 안정이고 평화이다. 마음이 편안한 것도 ☱인데 마음이 편안하면 모든 병이 저절로 낫는 법이다.

인간은 ☷ 기운을 받으며 살아가는 존재이다. 불우한 가정은 바로 ☷이 없다는 뜻이다. 집이 없는 떠돌이 신세도 ☷이 없다는 뜻인데 인생이란 우선 ☷을 이룩하기 위해 노력하는 것이다.

☶(산山)

이는 정지를 뜻하는바 물질이 모여 있다는 뜻이다. 산이란 흙이 모여 있는 것이다. 산은 무거운 물건을 상징하고 믿음직스러움을 뜻한다. 단단한 물건도 ☶(산)이고 방패도 ☶이다. 가정에서 가장은 믿음직스러운 존재인바 이런 뜻에서 아버지는 ☶이 되는 것이다.

앞서 ☰을 아버지로 나타냈는데 아버지란 가정을 활동시킨다는 의미에서 양이다. 그러나 그로 인해 가정이 안정된다면 이는 ☶의 뜻도 있는 것이다. 건물의 기둥도 마찬가지이고 군대에도 같은 뜻이 있다. 군대는 국경을 튼튼히 지키고 있기 때문에 백성이 이에 의지해 살고 있는 것이다.

신용이 있는 사람, 의지가 굳은 사람도 ☶으로 표현하고 인내심이나 고집 등도 ☶에 해당된다. 원래 괘상은 선악이 없다. 사물의 뜻을 다루는 것이기 때문이다. 그래서 옹졸함, 센스가 부족한 사람, 변치 않는 사람 등을 두루 표현할 수가 있다.

교통 정체도 ☶이고 장래성이 보이지 않는 것도 ☶이다. 지조가 굳은 사람이나 융통성이 없는 사람, 변화가 적은 사람도 모두

☶인 것이다. 고통이 왔을 때 잘 견디면 행운이 오는 법이다. 산의 성품을 배워야 할 것이다.

☳(뢰雷)

이것은 움직임을 뜻하는바 자동차가 달릴 때나 막혔던 상황이 비로소 풀리는 것도 다 마찬가지의 뜻이 있다. ☳(뢰)는 공격을 의미하고 권위, 권력, 강력한 움직임, 군대의 행진 등을 의미하기도 한다. 우레, 진동, 높이 나는 것, 비행기, 독수리, 성공한 사람의 태도 등도 모두 ☳로 표현할 수가 있고 사람이 걷는 행위도 ☳다.

사물이 작용을 일으킬 때 그 원인이 되는 것도 ☳에 해당된다. 힘 있는 사람, 청년 등이 그렇다. 반면 ☷은 늙은 사람으로 움직임이 둔하다. 젊은 사람은 씩씩하게 움직인다. 바로 ☳의 속성이다. ☳는 행동 개시를 뜻하는바 만물의 시작을 뜻한다.

날카로움도 ☳고 싸움도 ☳에 해당한다. 괘상은 많은 예를 살펴봄으로써 그 깨달음이 깊어진다. 사물은 보이지 않는 것에서도 그 뜻을 알 수 있는 것이다.

02

사물의 뜻을 통해
운명을 예측하다

주역과 운명

미래의 일로서 운명을 말할 때 이는 예정되어 있을 경우에 한한다. 미래의 일이 예정되어 있지 않고 어쩌다 그렇게 되는 것일 뿐이라면 그것을 우리는 우연이라고 말한다. 세상에는 우연 현상이 참으로 많다. 먼지가 어디로 휘날릴지, 개구리가 어떤 방향으로 뛸지, 어린아이가 어떤 반응을 할지는 대개 우연이다. 여자의 마음도 우연에 해당될 것이다. 우연이란 특별한 이유가 없이 일어나는 현상이기 때문이다. 물론 여자의 마음에도 이유가 있겠지만 그것이 너무 섬세해서 종잡을 수 없는 경우에는 우연으로 간주한다.

그런데 세상에는 얼마나 많은 우연이 있을까? 참으로 많을 것이다. 어쩌면 대부분이 우연일지도 모른다. 이는 미래가 정해져 있지 않고 그때가 되어 봐야 한다는 뜻이다. 실은 알고 모르고는 인간의 문제일 뿐이다. 자연계나 사회의 현상에는 대부분 필연적인 이유가 있다. 천체 현상의 경우 우연이란 거의 없다. 그래서 우리는 천체에 대해 수천수만 년 뒤의 일을 예측할 수 있다. 사회는 이보다 복잡할 것이다. 하지만 사회라고 해서 막가지는 않는다. 이유가 있어서 움직인다. 그래서 경제학자들은 경제가 좋아질지 나빠질지 미리 예측할 수 있고 외교에서는 국가 간의 분쟁을 미리 예측할 수 있다.

예측이란 예정된 것을 아는 능력이다. 예정되어 있지 않으면 알 수가 없다. 축구 경기를 보자. 이는 해 봐야 아는 게임이다. 하지만 양 팀의 실력 차가 아주 크다는 것이 알려져 있다면 미래의 승패도 미리 알 수 있다. 미래란 좀처럼 알기 어렵지만 상황에 따라서는 얼마든지 예측할 수가 있다. 일기예보도 그렇고 주식의 값도 예측이 가능하다. 물론 우연이 개입할 수는 있다. 그렇게 되면 미래를 정밀하게 예측할 수 없을 것이다. 변수가 있기 때문이다. 미래란 우연이 많고 또한 필연도 많아서 그들의 겨룸에 의해 판가름 나는 것이다. 주역에서는 이를 두고 음양이라고 말한다.

자연현상은 음양의 작용이라고 주역은 간파하고 있다. 그래서 음양을 잘 알면 미래도 알 수 있는 것이다. 물론 세세한 데까지 따지면 점점 더 어려워진다. 스티븐 호킹 박사Stephen William Hawking는 자연계에는 미래를 알지 못하게 하는 법칙이 존재할 것이라고 생각했다. 이런 생각은 일리가 있을 것이다. 미래란 사람의 마음의 문제가 개입되면 전혀 알 수 없게 된다. 그러나 운명론자들은 어떻게든 미래는 정해져 있다고 주장한다. 맞을 수도 있고 틀릴 수도 있다. 미래란 게 반드시 있는데 어떻게 이것이 정해져 있지 않을 수 있단 말인가!

하지만 미래가 완전히 정해져 있다면 이 경우 우주는 존재 의미가 없어진다. 딱 정해져 있는 미래라면 더 볼 것조차 없기 때문이다. 나폴레옹의 수학 스승인 라플라스Pierre Simon Laplace는 우주는 이러한 존재라고 주장했다. 먼 옛날 인도에서도 이런 주장을 편 철학자가 있었다. 미래란 완전히 정해져 있으니 아무 걱정할 것이 없다는 것이다. 참 편한 세상이다. 이런 세상이라면 잠이나 푹 자고 있으면 되는 것일까! 잠자고 안 자고도 정해져 있다면 우리는 아무 생각을 할 필요가 없을 것이다. 그러니 이렇게 결론을 맺어 두자. 미래란 어느 정도 정해져 있고 어느 정도는 우연이라고…. 실제로 우주는 그렇게 되어 있는 바 주역에서는 음과 양 외에 충衝이라는 개념이 하나 더 있다. 미래란 정해져 있지 않기도 하고 정해져 있기도 한 것이다.

자연과학에서는 결정할 수 없는 자연현상이 있다. 이른바 불확정성원리인데, 자연의 특성이 범위는 정해져 있으나 세세한 내면은 알 수 없다는 뜻으로 이해하면 된다. 다만 우리는 어떤 것이 세세한 것이고 어떤 것이 범위가 정해져 있는지를 모른다. 그래서 미래가 신비한 것이다. 미래는 또한 답답한 것이다. 도무지 알 수가 없으니…. 이 문제에 도전한 것이 바로 주역이다. 미래를 흔히 말하듯 족집게처럼 알아낼 수는 없다. 이는 자연의 요동성 때문이다. 미래는 정해져 있으나 또한 정해져 있지 않다는 뜻이다. 애매모호한 것 같지만 실은 여기에 정답이 있다. 시간 현상이라 아주 민감하여 사소한 자극에도 크게 반응하기 때문에 미래를 규정하기가 어려운 것이다. 미래를 알고자 하는 마음 자체가 미래를 다르게 만든다.

따라서 미래는 정해져 있으나 알 수는 없다. 이는 참 곤란한 일이다. 그러나 이를 피해 갈 방법이 있다. 미래를 알기 위해 그 속으로 뛰어들지 않는 것이다. 이것이 바로 주역의 방법이다. 미래란 그 세세한 내용이 무엇이든 간에 겉에 그림자를 남기게 된다. 이는 바로 사물의 뜻을 의미하는 바 주역이 다루는 문제가 바로 만물의 뜻이다. 사물은 그 내면과 상관없이 겉으로 드러나 보이는 뜻이 있는 것이다. 예를 들어 연못에 물이 차 있으면 이 자체가 뜻이 된다. 그릇에 물이 담겨 있거나 자루 속에 잡다한 물건이 있어도 뜻은 같다. 담겨 있다는 것! 주역은 이런 문제를 다룬다.

만물은 뜻이 있는 바 이는 존재의 양상으로서 일정한 패턴이 있다. 이는 겉에 드러나 보이는 것으로서 그 내면을 보지 않아도 큰 흐름을 알 수 있다. 큰 흐름을 계산하는 것이 주역의 방법인 바 이로써 자연의 법칙인 불확정성원리를 피해 갈 수가 있다. 이 말이 어렵다면 그저 징조라는 것이 있어서 어느 정도 미리 미래를 알 수 있다는 것으로 받아들이면 된다. 징조 해석이 바로 주역에서 말하는 괘상이다. 이로써 미래가 드러나는 것이다. 물론 미래를 아주 자세하게 알 수는 없다. 예를 들어 그 사람이 죽는다는 것을 알지만 어느 기간에 죽는지 알 수 있을 뿐 정확히 초 단위까지 알 수는 없다는 뜻이다. 미래의 문제는 알려고 할수록 수많은 난관에 부딪친다. 그러니 이를 적당한 수준에서 피해 있는 것이다.

이 정도로 해 두고 간단히 결론을 얘기해 보자. 미래란 정해져 있으니 운명이 있다고 말해도 된다. 그러나 그것을 알려고 하면 심한 요동이 발생하여 다시 알 수 없게 된다. 이는 미래가 정해져 있지 않다는 뜻이 된다는 것이다. 주역은 사물의 요동을 피해 먼 거리에서 미래를 측량하는 기술이다. 그러므로 미래는 운명의 범주에 들어 있는 것이다. 운명이란 것이 과연 있는지 없는지에 대해서도 분분한 의견이 있지만 여기에서 공자의 생각을 살펴보자.

공자는 언젠가 제자가 부부 싸움을 하는 것을 들은 적이 있다. 자식이 없다는 이유에서였는데, 공자의 제자가 이를 인생의 장애로 여겨 아내를 원망했던 것이다. 이를 알게 된 공자가 제자를 불러 자세하게 알려 주었다. "너는 장차 아들 둘이 생길 것이니 아내와 싸우지 말거라." 그 후 제자의 아내는 아들을 둘 낳았다고 한다. 공자는 운명을 알고 있었던 것이다. 다른 말로 운명이 존재한다는 뜻이다. 주역이란 우주의 운명, 세상의 운명, 국가의 운명, 개인의 운명 등을 다루는 학문이다. 구체적인 방법에 대해서는 논할 수 없지만 대충 얘기하자면 이렇다. 만물은 뜻이 있으며 그 뜻은 주역을 통해 알 수 있다. 그리고 이 때문에 주역을 통해 만물의 운명을 알 수 있게 되는 것이다. 이것이 바로 주역이다.

03

공자, 50세에 이르러
주역의 참뜻을 깨닫다

공자의 주역

공자는 4대 성인 중 한 사람으로서 인류의 큰 스승이었다. 이러한 성인이 주역에 각별한 관심을 가졌다는 것은 그만큼 주역이 가치가 높다는 뜻일 것이다. 대개의 성인은 신통력을 발휘하거나 신비한 행각을 보이는 등 평범하지가 않다. 그러나 공자는 우리처럼 평범한 인간적 모습을 간직한 채 일생을 보냈다. 그리고 그 낱낱의 과정을 주위에 보여 줌으로써 커다란 가르침을 남겼던 것이다.

공자의 가르침은 아주 평범하여 누구나 알기 쉽다. 우리는 그 가르침에 따라 점점 크게 성장할 수가 있고 마침내는 성인에 이를 수 있는 것이다. 주역에 대해서도 공자는 직접 언급함으로써 그 중요성을 일깨워 주었다. 만약 공자가 이러한 구체적인 가르침을 내리지 않았다면 오늘날 주역은 인류 사회에서 사라졌을지도 모른다. 공자가 주역에 관심을 가짐으로써 인류가 그를 따라 주역을 접하게 된 것이 분명해 보인다.

공자는 이렇게 말했다. "하늘이 내개 수명을 몇 년 더 빌려준다면 주역을 더 공부하여 큰 허물을 면할 텐데…." 공자는 주역을 각별히 사랑했고 연구했으며 그 연구를 다 마치기 위해 수명이 이어지기를 염원했다. 도대체 주역이 무엇이기에 성인인 공자가 그토록 매달렸을까? 이런 질문이 나오는 것은 당연하나 그 대답은 너무나 심오하여 간단히 말할 수 없다.

다만 공자가 주역의 내용을 자상하게 밝혀 놓았기 때문에 우리는 그것을 통해 주역의 신비에 다가갈 수 있는 것이다. 예로부터 주역을 성인의 학문으로 일컬어 왔는데 이는 성인만이 그 의미를 알 수 있다는 뜻일 것이다. 하지만 그렇지 않다. 주역은 누구나 공부하여 그 내용을 다 파악할 수 있다. 공자는 이렇게 말했다. "글은 말을 다 담을 수 없고 말은 마음을 다 담을 수 없으니 성인의 마음은 알 수 없는 것일까? 그렇지 않다. 성인은 괘상으로 그 구조를 다 보여 주었고 괘상을 설명함으로써 모든 뜻을 알 수 있게 하였다." 이는 주역을 통해 만물의 뜻을 알 수 있다는 것이고 또한 성인의 마음도 미루어 알 수 있다는 것이다.

주역은 사실 그러한 학문이다. 주역을 통해 우주의 모든 뜻은 그 모습을 드러내는 것이다. 비록 주역이 성인의 학문이라고 일컬어져 왔지만 실은 인간이라면 누구나 이해할 수 있는 학문이다. 공자도 처음에는 주역을 몰랐다. 그러다가 50세부터 시작하여 마침내 그 극의를 터득했던 것이다. 전하는 바에 의하면 공자는 50세에 주역을 만나 몹시 기뻐했다고 하는데 이에 대해서는 약간의 설명이 더 필요하다.

우리는 얼핏 공자가 50세에 세상에 주역이라는 게 있음을 처음으로 알게 되었다고 생각할 수 있다. 그러나 여기에는 모순이 있다. 공자 생전에 주역은 점을 치는 도구였고 점은 아주 일반적이어서 누구나 알 수 있는 것이었다. 주역은 당시 오늘날처럼 생소한 것이 아니라 상식이었다. 당시 사람들은 항상 점을 접했고 심지어는 생활이 거의 점치는 일로 이루어졌다고 해도 과언이 아니다.

그 당시 사람들은 빈번히 제사를 지냈고 또한 점을 치며 살았다. 관청에는 점을 치는 직책도 있었던 것으로 알려지고 있다. 공자 또한 점치는 일을 마다하지 않았다. 주역은 오늘날 《토정비결》보다 흔한 책이었다. 이러한 것이 세상에 있다는 것을 공자가 몰랐을 리가 없다. 공자는 당시 수많은 서적을 탐독하여 온 세상의 이치를 알고 있었다. 이러할진대 주역은 당연히 알고 있었을 것이다. 다만 그것이 어떠한 내용인지는 나중에 깨닫게 된 것으로 보인다. 처음에는 공자도 보통 사람처럼 쉽게 접했던 것이고, 다만 이 내용이 심오하다는 것을 어느 날 갑자기 깨닫게 된 것이리라. 이때가 바로 공자가 50세 무렵이었던 거라고 생각된다.

공자는 한평생 두 성인을 존경하고 흠모했는데 바로 문왕과 주공이었다. 문왕과 주공은 주역의 저자다. 공자는 수명이 짧은 것을 한탄했을 정도로 주역 연구에 몰두했고, 이때 문왕과 주공이라는 인물에 대해서도 확실히 알게 되었을 것이다. 그리하여 꿈에도 그리워하며 평생 동안 존경했던 것이다. 공자는 평소 주역을 알고 있었지만 50세에 이르러 그 내용을 깨달았던 것이고, 주역이 단순히 점을 치는 데만 필요한 것이 아님을 바로 이해하게 된 것이다.

주역은 점치는 데 절대적으로 필요하다. 하지만 그 원리는 천지의 모든 섭리를 담고 있다. 공자는 50세에 이르러 이를 확연히 깨닫고 이때부터는 필사적으로 주역 연구에 몰두하기 시작했던 것이다. 공자는 영원히 존경했던 문왕과 주공이 쓴 글에 자신의 연구를 첨언하였고 이것이 오늘날 인류가 주역을 공부하게 된 계기가 되었다. 주역은 만물의 뜻을 담고 있다. 그리고 공자는 만물의 뜻을 알고자 주역을 연구하고 또 연구했다. 그러고도 공자는 주역을 좀 더 연구하고 싶다고 피력했다. 공자는 성인이었음에도 주역의 세계를 만족할 만큼 더 연구하지 못한 것을 아쉬워했다.

공자가 주역 책을 평생 가까이 두고 연구하다 보니 가죽으로 된 주역 책 끈이 세 번이나 닳아 끊어졌다고 한다. 주역은 공자가 직접 말했듯이 세상 이치는 물론이고 성인의 마음까지 담겨 있는 책이다. 공자는 우주 대자연의 이치를 깨닫기 위해 온 세상의 학문을 찾아 탐구를 계속하되 늘 주역을 품고 다녔던 것이다. 공자는 이렇게 말한 바 있다. "아침에 도를 깨달으면 저녁에 죽어도 좋다." 이는 성인의 면모로서 여기서 깨달음이란 자연이 탄생하기도 전의 섭리를 말한다. 그러고 나서 대자연의 세계가 있고 이것이 주역에 다 담겨 있는 것이다.

공자는 올바른 절차에 따라 깨닫고 나서 그 경지를 더욱 높이기 위해 주역의 세계에 몰입했다. 이 때문에 주역에는 공자의 혼이 담겨 있는 것이고 공자를 알기 위해서는 무엇보다도 주역을 알아야 하는 것이다. 그렇게 되면 우리는 차츰 공자의 마음에 접근할 수 있을 것이다.

04

주역 안에 담긴
세상 모든 것의 원리

주역과 점

점이란 미래의 일을 알아내는 방법을 말한다. 이에 대해 믿는 사람과 믿지 않는 사람으로 부류가 나뉜다. 점을 쳐서 효과를 본 경험이 있거나 막연히 신비한 세계를 믿는 사람이라면 점을 믿을 수 있을 것이다. 반면 점을 믿지 않는 사람은 점이란 게 우연의 일치를 가지고 공연히 방법을 구사하는 것이라고 생각한다. 점치는 방법을 보면 우연이 맞다. 예를 들어 동전을 던져 앞면이나 뒷면이 나올 확률은 각각 반반이다. 그런데 어째서 동전을 던지면 결과가 서로 다른 것인가? 이에 대해서 무조건 우연이라고 할 수도 있을 것이다. 그러나 우연이 무엇이고 왜 우연이 있는지 묻는다면 이는 여전히 수수께끼다.

점은 그저 자신의 신념에 맡기면 될 것이다. 다만 점이란 먼 과거부터 시행해 온 일로서 먼 옛날에는 점을 치는 관직이 있을 정도였고 공자도 종종 점을 쳤다는 기록이 있다. 점이란 인류가 먼 과거부터 미래를 알기 위해 시행했던 것이다. 미래를 알고자 하는 염원에 대해선 그 이유를 논할 필요조차 없을 것이다. 미래의 점괘가 나쁘게 나온다면 현재를 고쳐야 하고 점괘가 좋게 나오면 안심하고 지낼 수 있는 것이다.

점이 미래를 맞추어 주기만 한다면 참으로 편리한 존재라 할 것이다. 세계적인 정신분석학자 카를 융은 정신 치료에조차 점을 사용했다. 그리고 오늘날 스포츠 행사에도 점을 치는 행위가 빈번히 등장한다. 대진표를 짤 때 그것을 무엇으로 결정하든 불만을 갖는 사람들이 있기 때문에 아예 점을 쳐서 정하는 것이다. 즉 추첨이다. 아이들의 학교 진학에도 점을 사용하는데 이것이야말로 공정하다는 뜻이다. 철학적 표현으로는 우연에 맡긴다는 것으로, 우연이란 평등하고 공정하여 그 누구도 시비를 따질 수 없다고 생각하는 것이다. 이 생각은 옳다. 그래서 점을 치는 것이다.

미래의 일이 우연이라면 그것이 점괘에 나타나지 않을 이유가 있겠는가! 카를 융은 동시성이란 개념으로 점의 현상을 이해하려고 했다. 대자연계에 동시성이 존재한다는 것은 과학계에서도 인정하는 바이다. 예를 들어 소립자 세계에서 입자얽힘이란 현상이 있는데 이는 겉보기에는 상관없는 두 입자가 동기화되는 것을 말한다. 동기화란 주식시장에서도 흔히 등장하는 개념인데 카를 융은 온 세상에 동기화된, 즉 동시적으로 발생해야만 하는 현상이 무수히 많다고 간주했다.

인류의 먼 조상들은 이유가 어떻든 간에 점을 생활에 밀접하게 사용해 왔다. 점의 효용이 없었다면 그토록 이어져 왔을까? 점은 아직 그 이유를 모를 뿐 근거가 있는 것으로 보인다. 공자 같은 성인군자가 점을 쳤다면 이는 근거가 있다고 보는 것이 합당할 것이다. 그런데 공자는 점을 치기 위해서 주역을 연구했을까? 그것은 절대 아니다. 공자는 주역에서 점의 원리를 발견한 것이고 그것이 우주 대자연의 모든 섭리를 하나로 묶는다는 것을 깨달았던 것이다. 앞선 시대의 주공과 문왕은 이미 성인이면서도 점을 치고 있었다.

점이란 단순히 미래를 알기 위해 치는 경우도 있고 행동을 결정할 때 이용하는 경우도 있다. 미래의 행동을 점괘에 묻는 행위는 이래도 그만 저래도 그만인 인간의 행동에 더 큰 미래를 부여하는 것이다. 즉 확률적으로 똑같은 행위라 하더라도 그것을 실행했을 때 미래에 영향을 준다는 생각이 깔려 있는 것이다. 이는 하늘에 대한 겸손이고 운명에 대해서는 경건함이다. 우리가 일상생활에서 별일 아닌 일에도 이왕이면 나이 많은 사람의 의견을 청취하는 것도 이와 같은 사상인 것이다.

점이 미래를 말하기 위해서는 세상의 모든 일을 점괘에 해당시키는 원리가 있어야 한다. 무슨 괘가 나왔을 때 재수가 없는가 하는 사전 점괘의 유형이 있어야 하는 것이다. 그리고 점괘의 유형을 세상의 모든 일과 대응시킬 수 있어야 한다. 이는 만물이 분류된다는 뜻이고 분류는 그 이유가 있어야 하는데 당연히 합리적이어야 한다.

주역은 소위 64괘라고 하여 여기에 우주 대자연의 모든 사물을 담을 수 있다. 그래서 공자는 주역에 몰두하게 되었다. 우주에는 무수히 많은 사물이 있지만 그것은 64개로 축소될 수 있어서 이른바 무한한 것을 유한한 것으로 설명할 수 있는 것이다. 물론 합리적이고 조직적으로 설명이 가능해야만 가치가 있다. 주역은 그렇게 구성되어 있다.

먼저 세상의 모든 사물이 8개로 분류되었고 이것이 합쳐져서 64개의 현상으로 발전한다. 이로써 세상의 모든 사물을 표현할 수 있다. 그 밖으로 나가는 것은 없다. 공자는 주역의 이러한 절대적 논리에 매료되었던 것이다. 주역을 조금 공부해 보면 알게 되지만 세상은 정말로 8괘로 다 분류가 된다. 또한 세상의 모든 현상이 이 8괘만의 조합으로 설명된다.

공자는 50세에 이것을 알게 되었고 경악하였다. 세상에 그토록 많은 사물이 있는데 그 모든 것이 고작 64개의 유형일 뿐이라니! 공자는 수많은 서적을 탐구하면서 세상이 끝이 없다는 것을 알았을 것이다. 그래서 다소 지치기도 했으리라. 이 많은 것을 어떻게 다 공부할 수 있으랴! 그러던 중 주역을 발견했다. 주역은 원래 그러한 학문이지만 공자는 뒤늦게 그것을 알아차렸던 것이다. 주역은 그 당시 많은 사람들에게 단순히 점을 치는 책으로만 알려져 있었다. 그런데 주역은 그 안에 천지의 모든 원리를 담고 있었던 것이다.

점을 치든 안 치든 그것은 각자의 생각에 달려 있다. 그러나 천지의 모든 이치를 깨닫는 데 있어서는 개인이 따로 있을 수 없다. 모든 사람이 알아야 하는 것이다. 그러나 세상 사람들은 그 점을 생각하지 못하고 주역을 점치는 방법으로 삼았다. 그리고 주역은 오늘날까지 살아남았다. 중국 역사를 보면 진시황이라는 못된 왕이 출현하여 모든 책을 없애고자 했다. 왕보다 높은 것이 없다는 뜻에서일 것이다. 특히 성인의 가르침이 담긴 책들은 진시황에게 적잖은 부담이었다. 그의 사는 방식이 성인의 가르침과 달랐기 때문이다. 그래서 성인의 책, 현자의 가르침 등 가치 있는 책들을 모두 불살라 버렸다.

그런데 주역은 살아남았다. 이는 주역이 점치는 책이라는 생각 때문이었다. 그 책에 공자의 설명이 들어 있다는 사실에 생각이 미치지 못했던 것이다. 어쩌면 진시황은 그것을 알았다 하더라도 단순히 공자가 설명하는 점치는 책 정도로 이해했을 것이다. 참으로 다행한 일이 아닐 수 없다. 만약 진시황이 주역을 위대한 글이라서 없애 버렸다면 오늘날 인류에게 주역은 전해지지 않았을 것이다. 이는 가히 하늘의 은혜라고 할 수 있다.

세상에는 무수히 많은 학문이 있지만 그 어떤 것도 주역에 견줄 수 없다. 주역은 그 깊은 뜻을 공자가 밝혀 주었다. 물론 공자 이전에 문왕과 주공이라는 성인이 출현하여 주역을 저작했고 후세의 사람들은 그것을 이용해 점을 쳤다. 그 전에도 점치는 방법은 있었다. 그러나 주역처럼 완벽하지는 않았다. 공자는 군자는 주역의 점법을 중시한다고 말한 바 있다.

여기서 점치는 방법을 요약해 보자. 간단히 말해 주역 점을 보려면 점괘가 64개가 되도록 만들면 된다. 카드를 64장을 만들어서 뽑는 것이다. 64장의 카드를 만들기 힘들면 8장만 만들어 사용해도 된다. 8장을 만들어 두 번 뽑으면 되는 것이다. 요점은 점의 결과가 64개가 되도록 조절해야 한다는 것이다. 64개는 만물의 유형의 숫자로서, 점을 칠 때는 64괘 중 하나를 뽑아 그 괘상에 실제 사건을 상정해 보면 된다. 예를 들어 합격 여부를 묻는 점에서 수택절水澤節 괘가 나오면 이는 합격을 의미한다. 수택절은 물이 연못에 담겨 있는 것을 나타내므로 그 회사 또는 학교에 담기게 된다는 의미가 된다. 결혼의 성사를 점칠 때도 수택절이 나오면 결혼하게 된다는 것이다.

그러나 점이란 숫자만 맞추면 되는 것은 아니다. 거기에 깊은 정신이 개입되어야만 하는 것이다. 여기에 점의 뜻이 있다. 점을 칠 때는 경건한 마음과 중립된 자세를 지녀야 한다. 자기 자신의 점을 친다고 할 때 좋은 점괘가 나오길 바라며 괘를 뽑으면 이는 틀린 점이 된다. 점치는 자세는 수동적이다. 하늘에 묻는 것이니 개입하면 안 된다는 뜻이다. 또한 점칠 때 술을 마신 상태이거나 복장이 불량해도 안 된다. 이는 천지신명을 모독하는 것으로 점괘를 교란시킨다. 이런 점에서 볼 때 점이란 고도의 수련을 한 사람이 칠 때 바른 결과를 얻을 수 있음을 알 수 있다. 로봇이 대신 점을 칠 수 없으며 난잡한 사람도 안 된다. 한편으로 제대로 점치는 수련을 오래하면 점괘가 점점 맞아떨어지게 된다. 점괘의 해석은 주역 64괘의 해석법에 따르면 되는 만큼 책을 보고 참조해도 된다. 그러나 점치는 행위 자체는 본인이 정성을 들여야 하며 잡념이 개입되어서도 안 된다. 또한 점이란 수준이 맞아야 한다. 평범한 사람이 국가의 장래를 묻는 것은 과분하다. 자신이나 친지 등의 점은 가능하다. 여기서 말한 수준이란 인격을 말하는 것으로 이해하면 된다.

05

문왕, 주공, 공자,
그리고 강태공

문왕은 공자보다 천 년가량 앞선 시대의 성인으로서 주역을 공부
할 때 반드시 등장하는 인물이다. 문왕의 일화를 보자. 문왕은 어
느 날 국 한 그릇을 앞에 두고 있었다. 그것은 못된 폭군인 상나라
왕이 문왕의 아들을 죽여 그 살로 끓인 국이었다. 문왕은 이를 보
자마자 자신의 아들의 몸인 줄 알았다. 그러나 아는 척을 하지 않
고 그 국을 다 먹어 버렸다. 괴로운 순간이었을 것이다. 그러나 이
를 마다하면 상왕은 문왕에게 신통력이 있다고 생각하여 그 자리
에서 죽이려던 상황이었다. 문왕은 상왕의 마음까지 읽고 있었다.
그래서 그 국을 마셨던 것이다. 이로써 상왕은 문왕이 대수롭지 않
은 사람이라고 보고 죽이지는 않고 감옥에 가두어 버렸다.

말이 감옥이지 이곳은 아주 위험한 동굴로서 며칠 안 가서 독충에 물려 죽을 거라고 상왕은 생각했다. 그러나 문왕은 죽지 않고 이곳에서 7년간 옥살이를 했다. 그동안 문왕은 동굴에서 주역을 연구했다. 일설에 의하면 문왕이 그곳에서 주역을 공부한 것이 아니라 천지신명으로부터 주역의 깊은 뜻을 계시받았다고 전한다. 마찬가지 이야기일 것이다. 문왕은 이미 성인의 경지에 들어 있었기 때문에 계시를 받았거나 본인이 직접 연구했거나 같은 의미이다.

문왕은 그곳에서 주역을 터득했고 살아남았다. 훗날 문왕은 상나라를 정복하고 중국을 통일하였다. 그리고 선정을 베풀어 백성들로부터 성왕으로 칭송받았다. 문왕의 일화를 더 보자. 감옥에서 풀려난 문왕은 대업을 일으키기 위해 때를 기다리며 세월을 보내고 있었다. 그리고 어느 날 사냥을 가게 되었는데, 사냥에 앞서 당시 점치는 직책에 있던 관리가 점을 치고는 그 괘상을 문왕에게 설명했다. 필경 화천대유火天大有 괘로 짐작되나 점괘가 구체적으로 전해지진 않는다. 다만 점치는 관리는 이 괘상을 위대한 스승을 얻게 되는 것으로 해석해 올렸다.

문왕은 이에 목욕재계하고 사냥을 떠났다. 사냥터에 도달해 보니 한적한 연못이 있고 그곳에 한 노인이 낚시를 하고 있었던 것이다. 문왕은 이 노인이 범상치 않다는 것을 즉각 알아보고 궁궐로 모셔 와 평생의 스승으로 삼았다. 이 노인이 바로 강태공으로 알려진 인물이다. 강태공은 문왕을 도와 중국을 정복하는 위업을 달성하고 평생 문왕을 보좌하면서 큰 가르침도 내렸다. 성인이 성인을 가르친 것이니 대단한 광경이 아닐 수 없다. 그리고 그 내용은 다름 아닌 주역이었다. 문왕은 스승에게 배우고 스스로 연구하여 주역을 완성했다. 이것이 오늘날 전해지는 것이고, 공자는 문왕이 지은 주역을 정교하게 다듬어 후세에 전했다.

주역은 문왕 이전에도 알려져 있었다. 괘상의 이름만 해도 이는 문왕이 지은 것이 아니고 멀고먼 옛날 어느 때부터 존재했던 것이다. 괘상의 이름은 괘의 구성과 뜻이 맞아야 하는데 문왕이 이에 대해 별말이 없었던 것으로 미루어 괘상의 이름은 정확하다고 봐야 할 것이다. 문왕 이전에 주역에 관여했던 성인의 이름은 거론되지 않고 있다. 이를 보면 문왕이 최초로 기록을 남기고 깊은 연구를 했던 것으로 보인다. 문왕 이후에는 주공이 깊이 연구했고 오랜 세월이 지난 후에 이를 공자가 이어받았다. 이렇게 주역은 문왕과 주공, 공자 등 세 명의 성인에 의해 가꾸어졌다. 또한 강태공이 문왕의 스승으로서 주역의 저작에 어떤 형태로든 관여했을 수 있는데, 주역에 대한 강태공의 관여 기록은 구체적으로 전해지지 않고 있다. 주역은 수천 년이 지난 오늘날에 와서야 세계적으로 각광을 받고 있는데 이는 인류를 위한 하늘의 커다란 은혜라고 할 수 있을 것이다.

06

왜 맹자는
주역을 거론하지 않았는가?

맹자와 주역

맹자는 공자 뒤를 이어 성인의 반열에 오른 인물로 평가되고 있다. 그래서 공자 뒤에는 맹자라는 말이 종종 따라붙는다. 이른바 공맹孔孟이라고 한다. 그러나 맹자가 공자와 같은 성인으로 간주되고 있지는 않은 것 같다. 어떤 것이 성인인지는 여기서는 말할 수 없을 것이다. 단지 성인은 오랜 세월 자연스럽게 세상에 등장해서 성인이란 칭호가 붙는다. 이에 따르면 맹자는 공자에 비해 많이 떨어지는 인물이 아닐까? 그리고 후대의 학자들은 맹자에 대해 의심을 하는 경우도 종종 있었다. 맹자는 성인이 아닐지도 모른다고. 이 문제에 대해 조금 얘기해 보자.

맹자는 이렇게 말한 바 있다. 세상에 인간이 있은 이래 공자만

한 인물이 없었고 앞으로도 없을 것이라고. 공자는 성인이므로 아주 드문 사람이라는 것은 재론할 필요가 없을 것이다. 다만 맹자의 선언과 관련해서는 맹자의 마음이 어땠는지 알 수 있는 일이다. 맹자는 공자를 온 세상을 통틀어 최고의 인물로 평가하고 존경하며 그의 학문의 세계를 구축했다. 그러나 맹자가 공자를 다 배웠는지는 의심이 가는 대목이 있다. 다름 아니라 맹자가 일생 동안 단 한 마디도 주역에 대해 언급하지 않았다는 것이다.

맹자는 주역에 관해 글로 남긴 바가 없다. 이는 참으로 이상한 일이다. 맹자는 공자를 가장 존경했는데 어떻게 공자가 평생을 공부한 주역에 대해서 한 마디도 안 할 수 있는 것일까? 이에 비해 공자는 문왕을 존경했고 그의 학문을 이어서 주역에 몰두했다. 맹자에게는 이것이 없다는 것이다. 매우 이상한 일이 아닐 수 없다. 그토록 존경했던 최고의 스승이 지나온 발자취를 따르지 않았던 것이다. 맹자는 공자의 주역을 대수로이 보지 않은 것은 아닐까? 그럴 수는 없을 것이다. 공자의 대표적 학문이 주역이었고 맹자가 공자를 존경했다면 당연히 주역을 거론했어야 맞다.

그런데도 맹자는 주역을 말하지 않은 것이다. 이에 대해 많은 추측이 있다. 그중에서 두 가지만 꼽아 보자. 첫째는 맹자가 주역을 공부했지만 공자와 같은 경지에 이르지 못해 한 마디도 못하는 경우다. 그러나 이는 다소 모순이 있다. 맹자는 성인이라고 일컬어질 만큼 학식이나 능력이 극한에 이른 사람인데 그러한 사람이 주역을 공부해서 깊은 경지에 이르지 못했다는 것은 납득하기 어렵다. 주역이란 맹자 같은 사람이 아닌 보통 사람도 해독 가능한 학문이다.

주역은 그리 어려운 학문이 아니다. 단지 사람이 정성을 들여 필사적으로 달려들지 않는 것일 뿐이다. 만일 맹자 같은 사람이 공자처럼 일생을 걸고 주역에 달려들었다면 주역에 통달했을 것이다. 그래서 맹자는 당초부터 주역을 공부하지 않았다는 생각이 든다. 그것이 가능할까? 자기가 그토록 존경했던 사람이 가장 사랑했던 학문을 뒤따라가지 않는 것이.

이 문제는 맹자가 주역에 대해 모르는 두 번째 이유에서 생각해 볼 수 있다. 맹자는 분명 주역에 관심이 없었던 것 같다. 그렇지 않다면 한 마디 정도 주역에 대해 얘기했을 것이다. 유교의 거의 모든 학자들은 주역을 공부하고 있었던 것이다. 맹자라고 해서 주역을 외면할 수는 없는 일이었다. 하지만 맹자는 주역을 말하지 않았다. 이는 재론할 필요도 없이 맹자가 주역을 공부하지 않았다는 것이 된다. 단지 그 이유가 궁금할 뿐이다.

그러나 이러한 의문은 쉽게 이해할 수도 있다. 그것은 맹자 외에도 수많은 성인들이 주역을 공부하지 않았던 경우가 있기 때문이다. 어째서일까? 이는 다소 설명이 필요하다. 먼저 성인이란 존재가 무엇이냐를 생각해 봐야 할 것이다. 세상이란 그 이전이 있고 그 이후가 있다. 성인이란 세상 이전과 합일된 존재다. 우주보다 먼저 있는 섭리와 합쳐졌다는 뜻이다. 공자는 일찍이 이렇게 말했다. "아침에 도를 들으면 저녁에 죽어도 좋다." 이는 세상 이전의 차원에서 말하고 있는 것이 분명하다. 생과 사를 초월해 있으니 말이다.

공자는 진즉부터 천지 이전과 합일하고 성인이 된 것으로 보인다. 그런데 그 이후가 문제가 된다. 공자는 아주 큰 성인이기 때문에 깨달음을 이룩한 후에도 세상의 운행에 관심을 기울였던 것이다. 세상은 어떻게 운행하는가? 이것은 깨달음하고는 다른 문제다. 깨달음이란 비유하자면 꿈을 깬 것과 같은 것이다. 세속의 구조는 꿈속의 일일 뿐이다. 공자는 주역을 통해 꿈속의 일조차 파악하려 애썼다. 그래서 주역을 공부했던 것이다.

그러나 맹자는 꿈에서 벗어나는 깨달음에 투철하지 못했다. 맹자의 능력은 공자에 못 미치는 것이다. 여유가 없다는 뜻이다. 맹자는 공자가 아침에 도를 들으면 저녁에 죽어도 좋다고 한 내용을 탐구했을 것이다. 그러나 그것이 시원하게 해결되지 않자 다른 영역을 연구했던 것이다. 주역을 연구하기에는 마음에 여유가 없었다는 뜻이다. 더 급한 것이 있었다. 그것은 깨달음 자체다. 그 이후에 있는 주역은 맹자로서는 가장 중요한 일은 아니었다. 흔히 세상의 많은 성인들도 이러한 상황에 놓여 있는 것이다.

공자는 꿈속의 일이나 꿈 밖에 일에 자유자재했다. 그러나 맹자는 그게 아니었던 것이다. 맹자가 성인인 것은 맞는 것으로 보인다. 하지만 더 높은 성인은 아니었다. 그런데 여기서 한마디 첨언할 것은 주역은 꿈속의 일을 설명한 것이기도 하지만 그 속에는 꿈에서 벗어나는 방법도 있다는 것이다. 그래서 속인들은 주역을 공부해야 하는 것이고 성인에 이르러서는 더욱 주역이 공부하고 싶어질 것이다.

이렇게 맹자가 주역 공부를 하지 않은 이유를 생각해 보다 보니 공자가 더 높은 성인이라는 결론이 나온다. 주역의 문제는 결론이 난 것은 아니다. 다만 많은 학자들이 맹자를 의심하고 심지어는 맹자를 떠나는 사람도 있다. 우리는 맹자의 내면 사정은 이해하지만 맹자가 주역을 공부하지 못했던 것은 아쉬움이 남는다. 맹자가 만일 주역을 공부했다면 후세에 훌륭한 주역 해설서를 남겼을 것이기 때문이다.

복희씨와 여와 전설,
그리고 하도낙서

주역의 기원

중국의 전설에 의하면 주역은 하늘에서 내려왔다고 한다. 멀고먼 옛날 세상에 아직 인류가 없을 때 복희씨와 여와가 땅으로 내려왔다. 이들은 신인神人으로서 오누이 관계였다. 바람처럼 땅에 내려온 이들은 황량한 세상을 보고 실망을 금치 못했다. 인간이 없는 세상! 이에 복희씨가 여동생인 여와에게 말했다.

"애야, 세상에 사람이 하나도 없구나. 어떻게 하면 좋지? 그렇지! 너와 내가 결혼해서 세상에 인간을 퍼트리자."

이 말을 들은 여와는 얼굴을 붉히며 대답했다.

"오라버니, 저와 오라버니는 오누이 관계인데 어떻게 결혼하겠어요? 천륜이란 것이 있잖아요."

여와는 동생으로서 또한 여자로서 한사코 복희씨의 제안을 거부했다. 그러자 복희씨는 설득에 나섰다.

"애야, 너와 나는 오누이 관계인 것은 맞다. 그러나 세상에 사람이 없지 않으냐? 세상에 사람을 만들어 내는 것은 천륜보다 더 중요한 일이란다."

이에 여와는 고개를 천천히 끄덕이며 말했다.

"오라버니, 그 뜻은 알겠어요. 하지만 저는 여자여서 부끄러움도 있고 자존심도 있는데 어떻게 오빠의 청을 허락하겠어요? 나는 못합니다."

이에 복희씨는 난감한 표정을 지었다. 그러자 여와는 조금 있다가 하나의 방안을 내놓았다.

"오라버니, 제가 이제부터 도망을 갈 테니 오라버니가 저를 잡으면 결혼하겠어요."

두 사람은 이렇게 합의를 보고 여와는 도망가기 시작했다. 복희씨는 속으로 웃었다.

'네가 도망을 가야 얼마나 도망가겠느냐….'

그러고는 쫓기 시작했다. 그런데 막상 여동생을 잡으려 하자 여와가 너무나 잘 도망가는 것이었다. 시간이 많이 흘렀는데 복희씨는 여와를 잡지 못했다. 그러다가 큰 나무 아래에 도달했다. 이곳에서 여와는 나무를 빙빙 돌면서 몸을 피하고 있었다. 복희씨는 나무 둘레를 따라 힘껏 달렸다. 그러나 여와는 잡히지 않았다. 이렇게 일주일의 시간이 흘렀다. 이때 복희씨는 속으로 생각했다.

'이러다간 평생 잡을 수 없겠구먼. 방법이 없을까? 그렇지! 거꾸로 돌아야겠다.'

복희씨가 여와와 마주칠 전략을 세운 것이다. 그리고 나무를 거꾸로 돌았다. 그러자 여와를 만났고 여와도 품에 안겨 항복을 선언했다.

"오라버니, 이제 결혼하겠어요!"

이렇게 되어 복희씨와 여와는 결혼했고 번식이 시작되었다. 그러나 속도가 너무나 더디었다. 복희씨는 속으로 생각했다.

'이렇게 낳고 또 낳아 봐야 어떻게 세상에 사람을 채우겠는가!'

그리하여 하나의 방법을 창안했다. 그것은 빗자루에 젖은 흙을 묻히고 휘젓는 것이었다. 흙 방울이 사방으로 흩날리고 그 방울들은 하나하나 사람으로 변해 갔다. 이렇게 해서 세상에 사람이 점점 채워지기 시작했다. 신화는 여기까지 전한다. 그 후 복희씨는 세상을 통치하면서 주역을 보급했다고 한다. 복희씨는 주역 8괘를 가지고 땅에 내려왔다고 하는데 8괘를 교차시키면 64괘가 되고 이것이 바로 주역이다.

그런데 복희씨에 관한 다른 전설도 전한다. 이는 전설이라기보다는 역사에 가까운데 단군의 역사를 기록한 《한단고기》에 등장한다. 여기서 복희씨는 단군이었고 혼자 연구하여 8괘를 저작하였다고 한다. 7,000년 전 얘기다. 중국 신화와 내용이 다르지만《한단고기》의 설명이 맞는 것 같다. 어쨌든 주역의 8괘는 복희씨로부터 유래한 것은 분명해 보인다. 이 외에도 주역의 기원에 관한 또다른 전설이 있다. 멀고먼 옛날 중국의 황하에 용마龍馬가 등장했는데 말 등에 8괘가 그려져 있었다는 것이다. 또한 중국의 낙수라는 곳에 신령한 거북이가 출현했는데 이때 거북이 등에 8괘가 그려져 있었다고 한다. 주역 자체가 신성한 학문이기 때문에 여러 가지 일화가 있는 것일 터이다.

여기서 복희씨의 신화를 조금 더 얘기해 보자. 일주일 만에 여와가 복희씨에게 붙잡힌 것은 천지창조와 관계된 것이다. 세상이 일주일 만에 창조되었다는 것인데, 창조란 다름 아닌 음양이 최초로 만날 때 이루어지는 법이다. 아기의 출산도 창조의 순간에 해당된다. 복희씨와 여와가 창조의 순간을 맞이하기 전 일주일 동안은 혼돈의 시기였다. 이때는 음양이 서로 작용하지 못하고 서로를 맴도는 시기다. 여와가 큰 나무 둘레를 돌면서 복희씨를 피하는 기간을 뜻한다.

요점은 '음양이 서로 바라보면서 요동치고 있느냐, 만나서 힘을 합쳐 우주의 작용을 만들어 내느냐'인데 하도낙서河圖洛書가 바로 그것을 나타내고 있다. 결국 현대에 이르러 주역의 기원은 복희씨의 신화가 아니라 하도낙서의 전설로 정착되었다. 하지만 용마가 되었든 신령한 거북이 되었든 하늘에서 내려왔던 것이고 이것은 어쩌면 복희씨와 여와가 타고 내려온 것일지도 모른다.

　이 문제에 대해서 뒤에 거론하겠다. 인류는 여러 곳에 분산되어 살고 있으니 지역마다 탄생 신화가 있을 것이다. 그중에서도 주역의 기원과 관련된 신화는 우리가 흥미를 가질 만한 것이다. 하지만 중요한 것은 주역 8괘가 실제로 인류에게 전해져 사용되고 있다는 사실이다. 우리는 괘상 자체의 뜻을 연구하면 될 것이다.

주역 속에 남겨진
고도 문명의 흔적

주역과 문명

우리의 먼 조상들은 지구가 둥글다는 것을 모르고 살았다. 세상은 끝없이 땅이 펼쳐져 있고 그 위를 하늘이 한없이 높게 덮고 있다는 게 그들의 생각이었다. 그리고 좀 더 문명이 발달한 후에는 땅속에 지옥이 있고 저 하늘에 천국이 있다고 믿었다. 하지만 지구 위의 하늘은 무한한 우주일 뿐이다. 그러나 모든 신화는 하늘에서 조상이 내려와 민족을 창조했다고 말하고 있다. 도대체 하늘이 어디기에 모든 민족이 하늘을 얘기하는가?

이 문제는 웃어넘길 일이 아니다. 옛사람은 신령한 일을 그저 하늘이라고 표현했는데 진짜 하늘이라면 상황이 달라진다. 칠레 안데스산의 주민들은 자신들의 조상이 우주에서 날아왔다고 믿는다. 하늘이 아니고 우주라고 말한 것이다. 언어학적으로 따지면 하늘이 우주고 우주가 하늘이다. 그러나 하늘을 우주라고 말하면 이는 구체적이고 현실적이 된다. 사막에 자리잡고 있는 피라미드도 우주인이 만들었다고 주장하는 사람이 많다.

하늘을 그저 신화를 만들기 위해 편의상 얘기한 것이 아니라 우주를 지칭한 것이라고 한다면 이는 현실적이고 과학적인 선언이 된다. 물론 실제로 우주에서 외계인이 날아와 지구의 각종 신비한 사물들을 만들어 냈다고 해도 그것을 입증하는 단적인 증거는 없다. 주역은 어떨까? 복희씨와 여와가 우주에서 날아온 한 쌍의 남녀라면 어떨까? 어째서 하늘이라는 말은 되고 우주라고 하면 웃어 버리는 걸까?

지구 문명의 우주 도래설은 무작정 비웃을 것이 아니다. 좀 더 진지하게 사실 여부를 생각해 보자는 것이다. 우리는 지금 주역에 대해 얘기하는 중이니 이것을 우주에서 외계인이 가져왔느냐가 핵심 질문이다. 이는 주역 자체를 살펴봄으로써 단서가 나올 것이다. 살인 사건의 시신을 부검함으로써 범행의 내용을 알게 되는 경우가 많은 것처럼 말이다. 주역에 대해서도 이렇게 해 보자. 질문은 근원으로 돌아왔다. 주역이란 무엇인가? 그것에 우주 문명이 개입한 흔적이 있는가? 결론부터 얘기하면 그 증거가 확실히 있다. 이제부터 그것을 고찰해 보자.

우리는 지구에 문명이 시작된 시기를 대략 3만 년 전 정도로 보고 있다. 이때쯤 인류에게는 집이라는 것도 있었고 옷이라는 것도 있었다. 아직 농사법을 몰랐기 때문에 사냥이나 하고 산과 들에서 과실을 따 먹는 정도였다. 주역의 원전에 이 역사가 기록되어 있다. 먼 옛날에는 집이라는 것이 없었고 인간은 동굴이나 나무 아래서 살았다. 그러다가 집을 만들게 된 것이다. 먼 옛날 선각자가 출현하여 주역의 뇌천대장雷天大壯 괘를 본받아 집을 최초로 만들었다고 한다. 농사법은 주역의 풍뢰익風雷益에서 착안했고, 물을 건너는 배는 풍택중부風澤中孚에서 착안했다고 한다. 이렇듯 주역은 오래전 인류의 조상이 살던 시기를 얘기하고 있다. 집도 없고 농사법도 모르고 배도 없고 글이라는 것도 없었던 시기 말이다.

문자는 주역의 택천쾌澤天夬를 보고 만들었다. 주역은 문명이 만들어진 초기에 관여되어 있는 것이다. 수만 년 전이다. 전설조차 없던 시기였다. 그런데 주역은 이 시대를 얘기하고 있다. 이는 주역이 수천 년 아니, 수만 년 전에 출현했다는 뜻이다. 아주 오래전 인류가 짐승처럼 살고 있을 때 말이다. 만일 하늘이 인간에게 무엇인가를 주기 위해 주역을 내려 준 것이라면 그 시기가 너무 이르다. 글도 모르고 농사도 모르고 짐승처럼 살던 인류에게 고도의 가르침이 필요한 것인가! 무엇보다 주역을 해독할 수조차 없었을 것이다.

그렇다면 이는 주역이 특정 목적을 가지고 나타난 것이 아니라 우연히 그 시대에 나타났다는 의미가 된다. 당시 주역은 써먹을 곳이 없는 너무 발전된 개념이었다. 하늘이 문자도 없고 집도 없는 원숭이 같은 인간에게 무엇이 그리 급해 주역을 내려 줬단 말인가! 대단한 모순이다. 이는 하늘이 목적을 가지고 인간에게 내려 준 것이 아니라는 의미이다. 그렇다면 주역은 어떻게 출현했을까? 그것은 우연이었다. 그리고 그 우연이란 다름 아닌 외계 문명이라고 본다면 앞뒤가 딱 맞아떨어진다. 수만 년 전 외계인이 우연히 지구를 다녀갔다. 이때 주역의 괘상을 남겨 주었다. 막연한 추측일까? 그렇지 않다. 주역의 내용을 보면 그 이유가 밝혀진다.

오늘날 과학을 보자. 물질은 기호로 나타낸다. 예로서 물이라는 것은 H_2O로 표시한다. 술은 CH_3CH_2OH이고 소금은 $NaCl$이다. 이렇게 표현함으로써 물질의 실체가 밝혀지는 것이다. 소위 분자식이라는 것인데 이 방식은 인류의 문명이 아주 발달한 근래에 와서나 가능한 일이었다. 예전에는 소금이고 물이고 알코올이었다. 당시는 물이 어떤 성분인지조차 몰랐다. 문명이 발달하면서 물질의 실체가 확연하게 드러났는데 이는 분자식 덕분이었다. 그런데 분자식의 표현법이 수만 년 전에 이미 주역에서 사용되고 있었던 것이다. 주역은 너무나 앞선 문명의 소산이다. 이 정도는 주역의 극히 일부를 얘기한 것뿐이다.

주역의 내용을 조금 더 살펴보자. 주역은 구성 원소가 두 가지밖에 없다. 음과 양이다. 이것으로 삼라만상을 표현할 수가 있는 것이다. 물질의 원소를 나열한 분자식과는 차원이 다르다. 물의 경우 H_2O를 OH_2라고 해도 된다. 그러나 주역은 원소들의 위치가 바뀌면 뜻이 달라진다. 예로서 ==과 ==은 뜻이 다르다. 기호를 중첩시켜 사물을 표현하고 그 기호의 위치가 바뀌면 뜻이 달라지는 방식은 물질의 분자식보다 훨씬 진보된 방법이다. 그리고 주역은 2진법 체계로 되어 있는바 이는 오늘날 컴퓨터를 작동시키는 기본 원리가 된다.

기호의 위치가 바뀌면 뜻이 달라지는 것이 현대 수학의 행렬식이라는 것인데, 이는 고도 문명의 수학 체계다. 2진법의 표현은 자연을 아주 편리하게 묘사하고 있다. 이러한 것이 주역 안에 숨겨져 있는 것이다. 이 외에 주역에는 첨단 수학인 위상 개념이 있고, 자연의 근본적인 힘을 나타내고 있다. 예로서 주역에서 음이 모인 것은 만유인력을 그대로 나타낸다. 이렇듯 주역은 문명의 정점에 있는 것이다. 이런 것이 원숭이 같은 우리 인류의 조상에 앞서 일찍이 나타났다. 이것이 하늘이 보낸 것이라면 지식 낭비일 것이다. 이러한 개념은 3만 년쯤 지나 인류가 크게 각성하고 있을 때 보내주었어야 시의적절하다 할 것이다.

주역은 땅속 어딘가에 묻혀 수만 년을 잠자고 있었다. 신이 이런 짓을 할 리가 없다. 그러나 외계인이라면 가능한 일이다. 외계인이 주역을 인간에게 전수할 때 수만 년 앞날을 내다봤을 것이다. 외계인이 그렇게 일찍 지구에 주역을 가져왔다면 이는 다녀갈 때 남겨 주었다는 뜻이다. 우주인이 빈번히 지구에 날아올 여유가 없었을지도 모른다. 문명의 내면에 주역이 있고 그 내면에는 고도의 지식이 담겨 있는 것이다.

나는 수만 년 전 외계인이 지구를 다녀가면서 남긴 유산이라고 굳게 믿는다. 그것은 오로지 주역에 담겨 있는 내용 때문이다. 재미있으려고 막연히 추측하는 것이 아니다. 주역에는 위에 열거한 내용 외에도 무수히 많은 문명의 흔적이 존재하는 것이다.

2부

주역 64괘의 진정한 의미와
공자의 해석을 만나다

01

스스로 강해지기를
멈추지 말라

건위천
乾爲天

이 괘상은 건위천으로 우주 제1의意인 양의 섭리를 논하고 있다. 양은 우주 만물 중에서 가장 중요한 개념인데 이를 깊게 고찰함으로써 세상이 어떻게 생겼고 어떻게 작동하는지를 알게 될 것이다. 우선 평범한 것부터 이해해 나가자. 양이란 무엇인가? 몇 가지 예를 보자. 밝은 곳, 높은 것, 지휘관, 어른, 남자 등이다. 강한 것, 하늘, 타향, 아버지, 대통령 등도 양이다. 좀 더 살펴보면 살아 있는 것, 공격, 승리, 명예, 권력, 비행기, 군인 등 무수히 찾아낼 수 있다.

이 모든 것은 음이라는 또 다른 개념과 대비되는데 음의 예로는 여자, 약한 것, 수비, 어머니, 땅, 고향, 어두운 곳, 낮은 것 등이 있다. 어떻게 양과 음을 구분하는가? 음양을 딱히 정의할 수는 없겠지만 무수히 많은 사물을 통해 비교해 낼 수 있을 것이다. 음양은 우선 상대적 개념으로부터 이해할 수 있다. 그리고 이것을 확장하면 자연의 모든 섭리에 도달하게 된다. 이 장에서는 양의 극한적 개념을 살펴봄으로써 우주의 시작과 만물의 원동력, 시간, 무한, 영혼 등 세상의 모든 뿌리를 파헤치고자 한다.

앞에서 우리는 양을 음과 대비하면서 여러 가지 사물을 나열했다. 그런데 그것은 양 자체를 설명한 것이 아니라 성질이 양인 사물들을 설명한 것일 뿐이다. 그렇다면 양 자체의 개념이란 어떤 것이냐? 여기서 양의 개념 한 가지를 주목해 보자. 바로 '먼저'라는 것인데 이것이 '나중'과 대비됨은 물론이다.

양이란 음을 떠나서는 설명이 불가능하다. 먼저라 하면 이미 그 안에 그 무엇보다 먼저라는 뜻을 함유하고 있는바 이는 우주 대자연보다 먼저라는 의미이다. 양이란 바로 이런 것이다. 어떤 것에 의해 나중에 생긴 것이 아닌 스스로 생긴 절대 사물이다. 이것은 처음 이전부터 그냥 있을 뿐이다. 여기에 집중해야 한다.

양이 그 무엇보다 먼저라는 것이 아니라 그 무엇보다 먼저인 것이 바로 양이라는 뜻이다. 이 개념은 참으로 어렵다. 우리가 양을 얘기하면 그것은 전에 벌써 생겨 있던 것이어서 우리는 항상 양 다음의 것을 생각하게 된다. 이렇기 때문에 우리가 양의 개념을 생각할 때 그것은 생긴 것이 아니라 그저 있는 것이고, 그저 있다는 것은 영원히 없어지지도, 없앨 수도 없는 존재란 뜻이다.

양이란 그냥 있으므로 멸망하지 않는다. 그리고 우주 대자연도 양 이후에 생긴 것이므로 이렇게 말할 수 있다. 양이 태초 이전의 이전, 그 이전에 이미 존재했기 때문에 우주가 존재하게 된 것이라고…. 또는 양이 우주를 만들었다고 해도 된다. 양은 모든 것의 원인이 될지언정 그 어떤 것의 결과물이 아니다. 노자는 양의 성질에 대해 상제지선象帝之先이라고 말한 바 있는데 하느님보다 먼저라는 뜻이다.

신이든 하느님이든 하나님이든 우주 대자연이든 양보다 먼저 있을 수 있는 것은 없다. 양이 만약 어떤 이유에 의해 생겼다면 그 이유 자체가 양일 뿐 생겨난 것은 양이라고 말할 수 없다. 왜냐하면 그것은 나중 사물이기 때문이다. 양은 나중에 존재하는 것이 아니기 때문에 그냥 존재하는 것이지 생긴 것이 아니다. 그리하여 양이란 세상에 아무것도 없을 때보다 먼저 있는 존재일 뿐이다.

양은 우주 대자연의 제1의로서 여기서 비롯되지 않은 것이 없다. 양에 대해 말하고자 하면 영원히 설명해도 끝이 나지 않는다. 그저 우리는 양은 그 무엇보다 앞선 개념이란 정도로 이해해 두자. 그런데 이것은 모든 창조의 힘을 창조한 것이다. 여기서 현재의 우주를 생각해 보자.

우주는 시간과 공간, 그리고 무한히 많은 별들로 이루어진 바이미 그 안에는 양이 내재되어 있었다. 스티븐 호킹 박사는 일찍이 우주는 무無의 요동에 의해 생겨났다고 말했는데, 무의 요동이란 다름 아닌 양이 꿈틀했다는 것을 의미한다. 양은 우주의 내면에 존재하는 생명이라고 말할 수 있다. 생명이란 생명체와는 전혀 다른 개념이다. 생명체는 만들어지고 또한 사망하는 존재이지만 생명 그 자체는 만들어지지도 않고 사망할 수도 없다. 우주는 생명 자체 위에 떠 있는 존재이며 그래서 우주는 현재 살아 있는 것이다.

우리의 영혼도 우주 생명에서 뻗어 나온 가지일 뿐이다. 그것 (영혼)은 생명체인 우리의 몸과 만났을 때 그 작용의 모습을 잠깐 보여주지만, 몸이 소멸하면서 우주의 심연에 다시 귀속한다. 그렇다고 영혼이 어디론가 되돌아가는 것은 아니다. 그저 똑같이 그 자리에 있을 뿐이다. 우주에서 작용이 관찰되는 것은 우주 삼라만상일 뿐 그 모든 것을 창조한 양은 묵묵히 내재되어 있을 뿐이다. 양이란 가장 위대한 존재이지만 그 모습을 드러내지 않는다. 이를 일컬어 볼 수 없고 들을 수 없는 존재라고 옛 성인은 말한 바 있다.

양의 개념에 대해 한 번에 모든 것을 깨달을 수는 없다. 그러나 살아가면서 도道가 깊어지면 양은 언제나 새로운 모습으로 등장한다. 양이란 그 무엇보다도 먼저이면서 항상 새로운 존재인 것이다. 양의 개념에 대해선 이 정도만 이야기해 두자. 이는 스스로 깨달아 가는 것이지 누군가의 설명으로 이해되는 것은 아니다. 자, 여기서 공자의 마음을 생각해 보자. 공자는 일찍이 주역에 통달한 성인으로서 양에 대한 깨달음이 무한히 깊었다는 것은 더 말할 필요조차 없을 것이다. 공자는 양에 대해 직접 언급하지 않았다. 하지만 공자는 건위천 괘상을 보며 후학들에게 자상한 가르침을 내려주었다.

대자연의 내면의 양의 존재를 알게 된 우리는 어떤 태도를 가져야 할까? 양의 위대함을 칭송하고 감동하는 데 그쳐야 하는가! 공자는 양의 존재로부터 우리가 취할 교훈을 분명히 해 주었다. 천행건 군자이 자강불식(天行健 君子以 自强不息). 양의 중첩이 하늘이니 군자는 이를 보고 스스로 강해지기를 멈추지 않는다. 참으로 놀랍고 단순한 가르침이다. 하늘처럼 강해지라는 것은 그것을 영원히 지속하라는 뜻이다.

하늘은 강하고 영원한 존재다. 우주의 모든 힘이 그곳으로부터 나오고 그것은 끝나지 않는다. 하늘이란 그 정체성이 다름 아닌 양이다. 우리 인간은 하늘을 닮아 가야 하는 것이다. 옛말에 성인 체천聖人体天이란 말이 있는데 이는 양과 완전히 합일하는 존재가 성인이라는 뜻이다. 공자가 가르치는 '군자이 자강불식'에 다름 아니다.

좀 더 가까이 다가서서 공자의 가르침을 음미해 보자. 하늘의 운행(작용)은 굳세다고(天行乾) 표현했는데 이 단어 속에 무한한 내용이 함축되어 있다. 하늘의 힘은 그 무엇보다 먼저 있었거니와 또한 무엇보다도 강력한 것이다. 공자는 이것에 주목했고 군자가 본받아야 한다고 밝힌 것이다. 여기서 군자란 수행을 제대로 하는 자라는 뜻인바 공자는 이 단어를 공식적으로 채택했다.

그런데 군자가 본받아야 할 강함이란 무엇을 뜻하는 것일까? 체력을 말하는 것은 아닐 테고 당연히 정신력을 말하는 것일진대 무엇을 강하다고 하는 것인가? 이는 양의 성질 그 자체를 의미하는 것으로, 영원한 투지, 새로움, 지치지 않는 생명력 등 양의 성질 모두를 갖추라는 뜻이다. 보통 인간은 여러 환경을 접하며 인생을 살아가다가 지치고 멈추고 약해지곤 한다. 그러나 군자는 불사조처럼 무한한 생명력을 갖추고자 한다. 군자는 영원한 마음으로 수행에 임한다. 나약함은 양의 본성에 어긋나는 것이다. 공자는 인간의 모든 덕목 중 양의 성품을 갖추는 것을 가장 높은 곳에 두었다.

하늘이 영원히 살아 있고 강하듯이 우리의 수행도 그러해야 할 것이다. 양의 성품에 관해서는 뒤에서도 설명을 이어 갈 것이다. 이 장에서는 양이 무엇인지에 대한 공자의 요약된 가르침을 음미하면 된다.

02

두텁고 모든 사물을 담는
땅을 본받으라

곤위지
坤爲地

이 괘상은 앞의 양과는 반대되는 음의 성질을 의미한다. 음의 성질
중 하나를 음미해 보자. 음은 스스로 움직이지 않는다. 항상 양의
뒤를 따르는 존재로서 현존하는 우주의 모든 것이 바로 음이다. 물
론 내재하는 양을 제외하고서 말이다.

인류가 다루는 자연과학은 바로 음의 성질을 규명하는 학문이
다. 자연과학에서 논하는 방식으로 음에 접근해 보자. 음이란 다름
아닌 물질을 말하는데 이것은 우주에 가득 차 있다. 우주의 모든
별도 이에 포함된다. 이들에게는 무슨 성질이 있는가? 우선 과학
에서 발견된 내용을 보자.

중세의 과학자 뉴턴은 자연의 물체(음)를 관찰한 결과 세 가지

법칙이 존재한다는 것을 알아냈다. 첫째가 관성의 법칙으로 이렇게 표현된다. 물체는 외력이 작용하지 않는 한 영원히 그 상태를 유지한다. 이는 물체가 저 스스로 움직이는 일이 없다는 것을 나타낸다. 물질은 음이기 때문에 저 스스로 움직일 수가 없는 것이다. 반면 양은 외부에서 힘을 가하든 가하지 않든 저 스스로 움직인다. 현대 과학으로 보면 양은 참으로 이해하기 어려운 존재다. 제멋대로 나타나기도 하고 사라지기도 하니 말이다. 하지만 음은 자유가 없고 반드시 외부에서 동기가 주어져야 움직일 수가 있다.

뉴턴이 발견한 물질 자연계의 둘째 법칙을 보자. 이는 다음과 같이 표현된다. 물체에 외력이 작용하면 작용한 만큼 움직인다. 이 또한 음의 속성이다. 수동적이고 자체로 발생한 원동력이 없다. 음이란 그저 가만히 있는 존재인 것이다.

물질 자연계의 세 번째 법칙을 보자. 이는 작용반작용의 법칙이라고도 하며 평형률에 해당된다. 물질에 작용이 있으면 그와 똑같은 크기로 반작용이 있다는 것인데, 예를 들어 우리가 걸을 때 땅을 뒤로 밀기 때문에 땅은 우리를 앞으로 나아가게 한다. 내가 남을 당기면 그도 나를 당긴 셈이 된다. 이 법칙은 엄밀히 말하면 음의 법칙은 아니다. 중성의 법칙이라 할 수 있을 것이다. 이것은 다른 말로 음양 평등의 법칙이라고 할 수 있는 바 양이 있으면 음이 있다는 뜻이다. 음이 있으면 양이 있다는 뜻이 아니다. 음은 제가 먼저 있을 수 없다. 먼저 있는 것은 양이다. 다만 양의 그러한 작용에는 반드시 음이 뒤따른다는 것이다.

양과 음은 일단 존재하게 되면 발생 순서와 상관없이 평등하다. 그리고 중요한 것은, 양이 저 스스로 이유 없이 생겨났기 때문에 그 균형을 잡기 위해 있는 음이 이유 있는 존재가 되었다는 점이다. 이 문제를 조금 깊게 들여다보자. 주사위를 던진다고 하자. 이때 1~6까지의 숫자가 자유롭게 등장한다. 하지만 던지기를 반복하면 점점 균형이 생겨서 모든 숫자가 평등해진다. 이것이 바로 음이다. 음이란 자연의 질서와 같은 뜻이 있다. 양이 제멋대로인 것에 대해 질서를 잡아 주는 것이 바로 음인 것이다. 음도 열거하자면 끝이 없다. 양과 대비되는 개념 정도로 이해해 두자. 음양은 계속해서 다시 거론하게 될 것이다.

주역의 문제로 돌아오자. 곤위지는 ☷로 표현하는데 이는 ☰(건위천)과 대비되는 암호적 표현이다. 음이 중첩된 것인 바 원전에는 이렇게 표현되어 있다. 지세곤 군자이 후덕재물(地勢坤 君子以厚德載物). 이것은 공자의 선택이다. 음의 도리는 무수히 많다. 순종, 유순, 침착, 인내, 아름다움 등이다. 그런데 공자는 땅의 후덕함과 대지의 무한한 포용력을 곤위지 괘의 가르침으로 삼았다. 땅은 두텁고 모든 사물을 담고 있다. 이것을 본받으라는 것이다. 양의 강인함 그리고 음의 포용력, 이는 군자의 수행에 으뜸가는 덕목이다.

이로써 순양과 순음을 모두 다루었다. 그 세세함은 영원한 세월로도 다 설명할 수 없겠지만 공자는 간략히 요점을 정리해 준 것이다. 음양은 서로 그 힘을 배합함으로써 무한한 작용에 이르게 된다. 주역 64괘는 그것을 설명한 것이다. 우주 만물의 뜻은 그 안에 모두 들어 있는 바 처음의 시작은 순양과 순음 외에 다른 것이 있을 수 없다. 여기서 잠깐 생각해 보자. 주역의 괘상은 모두 64개이지만 두 개씩 대비되므로 32개만 이해하면 나머지 32개도 견주어 이해할 수 있다.

원래 세상의 섭리가 그런 것이다. 비교되지 않는 사물은 이해가 불가능하다. 예를 들어 밝음이란 어둠에서 유추된 개념이다. 세상에 오로지 하나만 있는 것은 아무 뜻이 없다. 모든 뜻은 비교될 때만 존재할 수 있다는 것을 깊이 인식해 두자.

03

우레가 구름 속에 있으니
원칙을 지켜라

수뢰준
水雷屯

빅뱅으로 시작된 우리 우주는 초기에는 매우 혼란스러운 아수라장이었다. 당시에는 지금처럼 하늘에 별이란 것도 없었고 공간은 각종 소립자로 뒤덮여 있었다. 그야말로 시계 제로의 혼돈 그 자체였다. 그러던 것이 오랜 세월을 거쳐 지금처럼 별이 존재하는 하늘로 변한 것이다.

빅뱅이 시작된 시점을 보자. 우주가 생긴 지 1초쯤 지났을 때 우주의 모든 별과 공간은 자그마한 땅콩 크기로 집결되어 있었다. 그리고 폭발에 이어 팽창이 계속되었다. 오늘날 우주에서 암흑 에너지라는 것이 발견되었는데 이것이야말로 우주 팽창의 원인 그 자체다. 우주는 지금도 팽창하고 있는데 그 힘이 바로 주역에서 말하는 양이다. 양이란 끊임없이 팽창하는 존재다.

반대로 끊임없이 축소해 가는 것은 음이다. 바로 오늘날 하늘에 가득 찬 별들이 그러하다. 우주 초기에는 양과 음이 마구 뒤섞여 있어서 찰나의 앞도 예측할 수 없었다. 고대 그리스의 철학자들은 우주의 초기 상태를 카오스(혼돈)이라고 주장했는데, 과학적 관점에서 보면 우주는 혼돈으로부터 시작된 것이다. 그런데 사물은 원래 처음엔 혼돈스럽다가 차츰 자리를 잡아 가는 것이다.

우리의 인생만 보더라도 어린 시절에 미래란 막막한 미지의 세계일 뿐이었다. 이것이 혼돈이다. 미래란 혼돈의 모습으로 우리 앞에 펼쳐 있다. 그것을 헤쳐 나가는 것이 바로 인생이다. 이 모습을 주역에서는 아주 구체적으로 묘사하고 있다. 혼돈의 뜻을 구조적으로 해석하고 있는 것이다. 언어학적으로 혼돈을 단순하게 표현할 수도 있고 문학적으로 좀 더 극적으로 표현할 수도 있다. 그러나 그 어떠한 표현으로도 주역의 괘상만큼 정확하게 요점을 잡아내지 못한다. 주역이란 학문은 모든 사물에 대해 의미 구조를 밝히는 것이다.

먼저 수뢰준 괘의 모양을 보자. ䷂ 이것은 혼돈이라는 의미 구조를 나타낸다. 위쪽의 ☵(수)는 감坎 또는 수水라고 불린다. 감이란 ☵의 언어학적 표현이다. 즉 ☵의 대명사로서 이름이 감일 뿐이다. ☵를 수라고 할 때는 단순히 이름을 넘어서 ☵의 구체적인 성질을 얘기하는 것이다.

그러나 수, 즉 물 또한 ☵의 무수히 많은 성질을 표현하는 비유에 불과하다. ☵는 물이 아니라 '물 같은 것'을 나타낸다. ☵의 뜻을 갖는 사물을 열거해 보자. ☵는 어둠을 뜻하기도 하고, 어린아이, 혼돈, 방황, 유동적, 안개, 신비, 미지의 세계, 무작위, 제멋대로, 험난, 군중, 가루, 구덩이, 동굴, 구름 등을 나타낸다. ☵를 수라고 하는 것은 수로 비유하면 알기 쉽기 때문에 오랜 옛날부터 그렇게 불러 온 것일 뿐이다.

무수히 많은 사물이 ☵로 정의될 수 있는데 만물의 성질 8개 중 하나가 ☵다. 우리는 앞서 ☰(천)과 ☷(지)를 공부했는데, 마찬가지로 ☰은 하늘, 아버지, 전진, 창조, 확산 등을 나타내고 ☷는 어머니, 유순, 땅, 무대, 영토, 소속, 수동적, 평화 등을 나타낸다.

수뢰준 괘로 돌아오자. 먼저 인식할 것은 ☵다. 이것이 위에 있다는 것은 아래에 있는 것을 막아서고 있다는 뜻이다. 아래의 ☳(뢰)는 우레 또는 진震으로 우레, 진동 등을 의미하고, 권력이나 노력, 날카로움, 자동차, 남자, 힘찬 사람, 전진, 강력히 움직이는 사물, 어린아이, 군인, 탱크 등을 나타낸다. 이제 수뢰준 괘를 보면 ☳가 ☵에 포위되어 있는 형상이다. 이는 마치 사냥꾼이 산속을 헤매는 것과 같고, 조난당한 사람의 모습이기도 하고, 어린아이가 방황하는 것과도 같다. 어둠 속을 걸어가는 형상이기도 하고, 길을 잃은 모습이기도 하고, 군대가 전진하는 도중 난관에 봉착한 모습이기도 한 것이다. 우리나라가 6·25전쟁을 겪은 상황도 수뢰준 괘에 해당되고 그보다 더한 임진왜란도 마찬가지이다. 태아가 뱃속에 있는 상황도 위기이고, 우리나라가 IMF 상황에 있을 때도 혼란 즉 수뢰준인 것이고, 고등학생이 대학 입시에 낙방하고 방황하는 시절도 수뢰준에 해당된다. 세상 어느 지역에서든 천재지변 등 혼란이 발생하는 것이 수뢰준이고, 사업에 실패하거나 직장을 잃는 것도 마찬가지이다. 남녀가 연애 중에 심각한 다툼이 있어도 수뢰준이다. 위기와 혼돈, 방황, 좌절, 당황 등이 모두 수뢰준으로, 이런 상황에 닥친 주체는 개인일 수도 있고 단체나 국가일 수도 있다.

공자는 이런 상황에 대해 어떤 가르침을 주었을까? 원전은 이렇게 전한다. 운뢰둔 군자이 경륜(雲雷屯 君子以 經綸). 우레가 구름 속에 갇혀 있는 것이 둔이니 군자는 이에 경륜한다. 어려운 상황에 처하면 경륜을 하라는 뜻인 바 경륜이란 올바르게 처신하는 것을 의미한다. 공자는 혼돈의 상황에서 인내라든가 투지 등은 말하지 않고 올바른 처신을 얘기했는데 그 속에 모든 것이 잠재되어 있는 것이다. 위기 상황에서 슬픔이나 좌절에 빠지거나 지나친 행동을 해서는 안 된다. 오로지 차분하고 적절하게 행동해야 할 뿐이다. 요행을 바라거나 기적을 생각한다거나 될 대로 되라는 식으로 마구잡이 행동을 하지 말고 원칙을 지키라는 뜻이다.

진인사 대천명(盡人事 待天命)도 같은 의미이다. 위기를 당했으나 행동은 더욱 합리적이어야 하는 것이다. 하늘은 스스로 돕는 자를 돕는다는 말이 있는데 이는 열심히 한다는 것만 뜻하지 않는다.

노력하는 것은 좋지만 방향을 잘 선택해야 한다는 뜻이다. 그러지 않으면 자신을 돕기는커녕 오히려 해치는 결과가 된다. 자신을 해치는 자를 어떻게 하늘이 도울 수 있겠는가!

공자는 위기 상황일수록 정도를 행해야 한다는 단순한 진리를 가르쳤다. 원래 경륜經綸이라는 단어는 천을 짤 때 씨줄 날줄을 의미하는 바 가로세로를 잘 맞추어야 제대로 된 천이 만들어지는 법이다. 순서와 방향을 제대로 하는 것이 바로 경륜이다. 70년 전쯤 우리나라는 6·25전쟁이 끝나고 온 국민이 토탄에 빠져 있었다. 그런데도 우리 국민은 좌절하지 않고 견디면서 교육을 유지하였다. 그 결과 우리 민족은 다시 일어섰다. 한 가정에서도 위기(가난)에 처할수록 자식 교육을 잘 시키는 것은 최우선할 일이다.

바로 이러한 것이 경륜을 뜻한다. 힘든 상황에서 게으르지 않고 근면하다면 이 또한 경륜이라고 말할 수 있다. 공자는 상황이 어떻든 그에 적합한 행동을 하라고 가르친 것이다. 탄식이나 분노, 좌절, 이판사판식의 마구잡이 행동은 경륜이 아닌 망동인 것이다.

04

앞날을 두려워하지 말고
인격을 닦아라

산수몽
山水蒙

산수몽 괘는 험난을 바라보며 멈춰 서 있는 형상이다. 이는 물에 빠져 허우적대는 모습은 아니다. 단지 험난을 두려워하며 망설이는 형상인 것이다. 인생에는 이런 순간이 종종 있다. 미국의 세계적인 가수 바브라 스트라이샌드Barbra Streisand는 갑자기 무대공포증이 생겨 더 이상 가수 생활을 할 수 없게 된 적이 있었다. 가수라면 노래도 잘하겠지만 대중 앞에 서는 일에도 능숙할 것이다. 그런데 갑자기 청중이 두려워졌다는 것이다. 그 이유는 정신의학자들이 규명할 일이지만 그 상황 자체는 바로 산수몽 상황이다.

산수몽 괘는 위쪽이 ☶(산)으로 되어 있는데 이 괘상의 뜻부터 살펴보자. 여기에 해당되는 대표 사물은 산 같은 것이다. 그렇다고 딱히 산만을 뜻하는 것이 아니라 산과 같은 성질을 가진 무수히 많은 사물을 뜻한다. 생각해 보면 산은 묵직한 존재로서 부동을 뜻하고 또한 정지를 의미한다. 반면 ☳(뢰)는 움직임이고 ☶이 서 있는 것이라면 ☳는 걷는다는 뜻이 있다.

그리고 ☶이 정체된 모습이라면 ☳는 역동적인 모습이다. ☶은 신용이 있는 모습이고 절개와 변치 않는 마음을 뜻하기도 한다. ☶의 다양한 성질(그러나 일관적 의미)은 다른 괘상을 만날 때마다 자신의 정체성을 드러낸다. 이 장에서는 ☶이 ☵(수)를 만났을 때 보여 주는 기능을 다루려 한다.

산수몽 괘는 위에 ☶이 있고 아래에 ☵가 있어 험난을 바라보며 어쩔 줄 모르는 어린아이 같은 모습이다. 또는 군인이 적진을 바라볼 때의 모습도 이것이다. 결단을 못 내리고 엉거주춤한 자세로 서 있는 것도 바로 산수몽이다. 성인이 되어 사회에 처음 나섰을 때의 모습도 이것인데 여기서 ☵는 사회를 뜻하는 것이다. 어린아이는 아직 성숙하지 못하여 사회라는 것이 무섭기도 하고 어찌할 바를 모르는 난관에 해당된다.

바다 한가운데 자그마한 섬이 있을 때 그 섬이 바다에 대해 느끼는 기분이 바로 이럴 것이다. 이 괘상은 난관이 아직 현실로 닥친 것은 아니지만 장차 자신이 겪을 난관을 마주하고 있는 것이다. 모든 것이 두려운 성숙하지 못한 아이들에게는 사소한 문제조차 난관인 것이다. 어떤 사람은 무슨 일이든 쉽게 결정을 못 내리고 우유부단한데 이는 어렸을 때 망설이던 버릇 때문에 생긴 것이다. 다만 주역은 원인보다는 결과를 보여줌으로써 현상을 깨닫게 한다.

주역은 만물의 뜻을 규명하는 학문인바 이는 만물의 분류로부터 시작된다. 그동안 ☰(천), ☷(지), ☵(수), ☳(뢰), ☶(산) 등 다섯 괘상을 다루었는데, 주역 괘상이 모두 8개인 것을 감안하면 벌써 주역을 깊게 공부하고 있는 중이다. 5개의 괘상은 5개의 만물 원소에 해당되는바 이것으로 25개의 현상을 설명할 수 있다. 이를 보면 주역이 어려운 학문은 아닌 듯하다. 만물은 무한히 다양하지만 그것을 성질별로 나누면 고작 8개밖에 되지 않는다. 8괘는 만물의 언어를 유별시킨 것이다. 온 세상에 8괘를 넘어서는 사물은 존재하지 않는다.

이들 각각의 작용을 더욱 정밀하게 논하고자 할 때는 8괘가 각각 다른 괘상을 만나서 이루어 내는 작용을 살피면 된다. ☶과 ☵는 두 가지를 표현할 수 있는데 ䷃(산수몽)과 ䷦(수산건)이다. 괘상이 상하로 배치될 때 괘상의 위치에 따라 그 작용도 달라진다. 이 장에서는 ䷃을 공부하고 있는데 ☶과 ☵의 뜻을 잘 알아 두면 ䷃을 공부할 때 바로 도움이 된다.

䷃의 뜻을 다른 각도에서 음미해 보자. ䷃의 모습은 ☵가 아래로 흘러 내려가는 형상인바 냇물이 산에서 출발하여 자유롭게 벌판으로 나서는 중이다. 이는 갓 성인이 되어 사회로 나오는 모습으로, 아이가 아주 어릴 때는 모든 것을 부모에게 의지하지만 조금씩 성장함에 따라 자기 스스로 책임져야 할 일이 점점 많아지는 상황이 바로 산에서 시작한 물인 것이다.

䷃은 안개가 걷힌 산이고 혼란을 조금 벗어나 숨 돌릴 수 있는 순간이기도 하다. 영아가 뱃속에 있을 때는 ䷂(수뢰준)인데 ䷃은 일단 태어나 있는 모습인 것이다. ䷃은 또한 방종을 뜻하기도 하는데 산에서 출발한 ☵는 아직 제자리를 찾지 못해서 떠돌게 되는 것이다. 고향을 떠나는 청년의 모습도 이와 같은바 청년이라 해도 아직 사회 초년생이어서 어린아이와 같은 뜻이다.

䷃은 노련한 상태가 아니고 또한 정착한 상태도 아니다. 사업으로 말하자면 준비는 다 끝났고 이제 영업을 시작해야 할 시점인 것이다. 인간은 이와 같은 상태를 거쳐 성장하는 법이다. 공자는 이러한 상황에 어떠한 가르침을 주었을까? 원전에는 '산하출천 몽 군자이 과행육덕(山下出泉 蒙 君子以 果行育德)'이라고 되어 있다. 산 아래에서 물이 막 생겨 들판으로 나가기 시작한 것이고, 사냥꾼이 숲속에 갇혔다가 방향을 발견한 순간인 것이다.

과행육덕, 이는 과감하게 행동하고 인격을 기른다는 것인바 먼저 과감히 행동하라는 것의 의미를 보자. 사람은 때로 생소한 환경에 부딪힌다. 어린아이의 경우 대부분의 환경이 처음 경험해 보는 상황일 것이다. 그런데 이때 아이가 겁을 먹고 행동을 주춤한다면 아이는 미래로 나아갈 수 없다. 용기라는 것은 미지의 상황을 행동으로 돌파하는 중요한 방법이다. 어떻게 세세한 것까지 결과를 예측할 수 있겠는가! 사람은 어느 정도 행동에 용기가 있어야 하는 것이다.

무대에 서기가 두렵거나 앞길에 난관이 예측된다 해도 겁부터 먹을 일이 아니고, 어떤 문제를 결정해야 할 때도 너무 떨면 안 된다. 우유부단은 더 큰 해를 불러오는 법이다. 공자는 일찍이 용기를 인간의 덕목 중 하나로 가르친 바 있지만 주역의 괘상에서 이를 더욱 정밀하게 밝힌 것이다. 용기란 예기치 않은 결과가 있을지도 모르지만 전진하라는 뜻이다.

다음으로 덕을 기르라고 한 대목을 보자. 이는 평소 인격을 기르라는 것인데, 어린아이에게 최우선적으로 가르칠 것은 지능이 아니라 실은 인격인 것이다. 인격이란 지혜를 넘어선다. 어른이라 해도 성인이 볼 때는 어린아이에 불과하다. 사람은 누구나 미숙한 채 살아가지만 인격은 언제나 필요하다.

신체를 말할 때 면역 기능이란 게 있는데, 마찬가지로 인격이 갖춰져 있어야 정신, 운명 등 인생의 모든 문제를 제대로 풀어 나갈 수 있는 것이다. 공자는 산수몽의 상황에서 앞을 바라볼 때 겁을 먹지 말 것과 미지의 상황에 대비하는 최우선의 방법은 인격이라는 것을 가르치고 있다.

05

때로는 쉬면서
여유를 가져라

수천수
水天需

☷(수천수) 괘상은 하늘에 구름이 떠 있는 형상으로 이 구름은 언젠
가 다른 곳으로 이동할 것이다. 뜬구름이란 말도 있듯이 하늘의 구
름은 언제까지나 제자리에 있을 수 없다. 이 괘상에는 이미 공부한
괘상 두 개가 등장하고 있다. ☵(수)와 ☰(천)인데 이것은 앞서 공부
한 괘상이다. ☵에 대해 이미 어느 정도는 알고 있다는 뜻이다. 그
리고 ☵에 대해서는 이것이 위에 있는 괘상을 공부한 바가 있다.
☵가 위에 있다는 것은 앞길에 장애가 등장했다는 뜻이다. 이를테
면 자동차가 많이 몰려서 정체가 생긴 것 같은 상황이다.

앞에 장애가 있어서 잠시 멈춰 기다린다는 것이 수천수인데
여기에는 유의할 사항이 하나 있다. 그것은 장애가 대수롭지 않다

는 것이다. 예를 들어 은행에 갔을 때 번호표를 받고 기다리는 상황 같은 것이다. 이런 상황은 쉽게 풀리게 되어 있다. 기다리면 쉽게 차례가 오거나 반드시 차례가 온다는 보장이 있는 경우가 모두 해당된다. 은행 적금은 만기가 되면 반드시 돈을 찾을 수 있는데 이런 것이 수천수의 상황이다.

　이 괘상을 다른 괘상과 비교하면 더 깊은 뜻을 알 수도 있다. ䷂(수뢰준)과 비교해 보자. 비교할 괘상을 나란히 쓰면 다음과 같다. ䷂과 ䷄ 두 괘상의 공통점은 둘 다 ☵가 위에 있어서 전진을 방해하고 있다는 점이다. 그런데 아래 있는 ☳(뢰)와 ☰ 이 둘은 돌파력에 차이가 있다. ☳가 전진하는 힘이 강한 것을 뜻하지만 ☰과 비교할 바는 아니다. 돌파력에 있어서 ☰은 8괘 중 으뜸이다. ☳는 ☰에 비하면 그 힘이 현저히 약해진다. 그래서 ䷂은 산길을 헤맨다거나 난관을 만나 상당히 애를 먹는 형국이지만 이에 비해 ䷄는 ☰의 힘이 막강하기 때문에 앞길을 막고 있는 ☵를 쉽게 물리칠 수 있다. 그래서 ䷂은 고난을 겪는다고 말하고 ䷄는 기다린다고 말하는 것이다.

　여기서 아주 중요한 내용이 있다. 주역의 대성괘 64괘는 모두 이름이 있는데 이것은 아무렇게나 지어진 이름이 아니다. 사람의 경우 이름이란 그냥 정해서 부를 뿐이다. 하지만 주역에는 그런 이름을 붙일 만한 절대적인 이유가 있다. 그래서 ䷄을 수(需)라고 부를 수 없고 ䷂는 준屯이라고 부를 수 없는 법이다. ䷄은 반드시 준인 것이고 ☵는 반드시 수인 것이다.

64괘에는 각각의 이름이 있고 이 이름들이 붙여진 데에는 절대적인 이유가 있는 만큼 주역을 공부하는 사람은 최우선적으로 어째서 그 괘상에 그런 이름이 붙었는지 확실히 깨달아야 할 것이다. 괘상의 이름의 의미를 모르면 주역 공부는 한 걸음도 나아갈 수가 없다. 그렇다면 괘상의 이름은 도대체 누가 지었을까? 이에 대해 밝혀진 바는 없다. 아주 먼 옛날부터 괘상의 이름이 그렇게 전해지고 있는 것이다. 일설에는 복희씨가 지었다고도 하지만 딱히 정설은 아니다. 그러나 이 문제는 중요하지 않다. 정작 중요한 것은 그 이름이 과연 타당성이 있느냐이다.

이제까지 공부한 괘상은 ☰(건위천), ☷(곤위지), ☵(수뢰준), ☶(산수몽), ☲(수천수) 등인데 이들 이름은 제대로 붙여진 것 같다. 모든 괘상에 적절한 이름이 붙어 있을까? 그렇다고 봐야 할 것이다. 우선 공자가 그 이름을 사용하였고 문왕이나 주공도 어떤 의문도 제기하지 않고 그 이름으로 괘상을 해설했다. 세 분 성인들이 문제를 제기하지 않았다면 더 이상 의문을 가질 필요는 없다. 따라서 앞으로 괘상을 공부하는 데 있어 최우선적으로 괘명의 논리성부터 따질 것이다.

주역은 철학도 아니고 종교도 아니다. 그저 진리를 모두 망라하고 풀어내는 과학 그 자체일 뿐이다. 다시 ☵ 괘상으로 돌아오자. 이 괘상은 잠시 정지되었으나 나아가는 데 문제가 없다. 그러니 이럴 때 잠시 쉬어 가도 무방할 것이다. 그런데 ☰ 괘는 또 하나의 뜻이 있다. 그것은 공급을 받는다는 뜻으로 자식이 부모로부터 용돈을 받는다거나 국민이 국가로부터 혜택을 받는다는 것 등을 뜻한다. 하늘에 있는 구름은 하늘로부터 기운을 공급받는데 그것은 찬 기운 또 더운 기운이다. 구름은 다른 곳으로 평행 이동하거나 상승한다. 또는 비가 되어 떨어진다.

사회생활에서 소위 백그라운드라는 게 있는데 배경이 좋은 사람은 출세도 빠르다. 배경이란 마치 하늘과 같은 것이다. 구름은 하늘 위에서 자유롭게 떠다니는데 이는 하늘이라는 거대한 배경이 있어서 가능하다. 무대에 선 연예인이나 정치인 등은 관중으로부터 기운을 받는데 이런 상황도 ☰에 해당된다. 우리 몸이 음식으로부터 영양분을 공급받는 것도 마찬가지다. 같은 유형이라는 것이다.

그런데 괘상의 해석은 대개 두 가지의 의미를 갖는바 이는 괘상이 상하로 두 개 있기 때문이다. 사물에는 그것을 이루는 구조가 있기 마련이고 그 구성 성분에도 각각 뜻이 있는 것이다. 예를 들어 누군가 고향을 떠날 때 한쪽에는 떠나는 사람이 있고 다른 쪽에는 그것을 지켜보는 고향이 있는 것과 같다. 다른 예로서 ☵ 괘는 ☵와 ☷인바 ☵는 안개이고 ☷는 사람이다. 살인 사건 범행 현장에서 사람이 마구 휘젓고 다니면 증거가 사라지는데 이때 증거가 ☷이고 휘젓고 다니는 사람이 ☷이다.

이렇듯 모든 상황은 최소 두 가지 요소로 설명되는 것이다. 다만 우리는 그중 특별한 하나에 집중하고자 하는데, 특히 공자가 바라보는 시각에서 괘상을 풀어 나가며 음미할 것이다. ䷄ 괘에서 공자는 무엇을 가르쳤을까? 원문을 보자. 운상어천수 군자이 음식연락(雲上於天需 君子以 飲食宴樂). ䷄의 상황은 쉬면서 기운을 공급받는 것이므로 앞날을 서두를 것 없이 쉴 수 있을 때 쉬라는 뜻이다. 일하기 전에 음식을 먹는 것이다.

앞날에 난관이랄 것이 없으면 잔치를 벌여도 무방할 것이다. 공자는 자상하게 격려하는 중이다. 때로는 쉬면서 여유를 가지라는 뜻이다. 쉬는 것도 실은 일이다. 군대도 쉬지 않으면 전투에 임해서 효율이 떨어지는 법이다. 시합을 바로 앞에 둔 운동선수도 잠시 쉬면서 마음을 가다듬는 순간을 가져야 한다.

06

매사를 제대로 하고
훗날의 화를 미리 생각하라

천수송
天水訟

괘상을 음미할 때 제일 먼저 생각해야 하는 것은 괘명의 이유라는 것을 앞서 밝힌 바 있다. 이번 괘상도 어째서 송訟이라는 이름이 붙여졌는지 먼저 따져 봐야 할 것이다. ䷅(천수송) 괘는 아래에 ☵(수)가 있고 위에 ☰(천)이 있다. 만약 반대로 ☰이 아래에 있고 ☵가 위에 있다면 송이라고 부르면 안 된다. 그 경우 송이 아닌 수需가 된다는 걸 앞 장에서 봤다. 지금의 괘상은 앞에서 공부한 ䷄(수천수) 괘상을 상하로 바꾼 것인데, 괘(8괘)를 상하로 바꿔 놓으면 왜 뜻이 달라지는지 이유를 자세히 살펴보자.

　☰은 양인가 음인가? 양이다! ☵는 음이다. 양은 위로 밖으로 향하는 성질이 있다. 그래서 ☰은 위로 향하는 것이다. ䷅를 보면

☲은 위로 향하여 ☷와 적극적으로 부딪치고 있다. 반면 ☷는 음이라서 아래로 향하며 ☲과 부딪치고 있는 것이다. 그런데 ䷒을 보면 ☲은 양이라서 위로 달아나고 ☷는 음이라서 아래로 멀어져 가는 것이다. 그림으로 표시하면 다음과 같다.

$$☷↓ \quad ↑☲$$
$$☲↑ \quad ↓☷$$

그림에서 알 수 있듯이 8괘는 아래에 있을 때와 위에 있을 때 만들어 내는 작용이 다르다. 주역의 괘상은 8괘가 위아래에서 다른 작용을 함으로써 64개의 서로 다른 형상을 만들어 내는 것이다. 예컨대 ䷃(산수몽)과 ䷆(수산건)은 둘 다 ☵와 ☶(산)으로 이루어졌지만 그 작용은 아주 다르다. 이는 괘상의 상하 논리로 주역에는 오로지 이와 같은 논리만 있을 뿐이다. 글을 쓸 때 문장과 문법이 있듯이 64괘는 문장이고 상하 논리는 문법이다.

䷄ 괘를 다시 보자. 이 괘상은 ☵가 아래에 있어서 ☵가 제아무리 위를 넘보아도 결국은 아래로 떨어지게 되어 있다. 자연계에서 물은 때로 증발하여 상승하지만 결국은 떨어지는 것이다. 반면 ☰은 한때 흐려질 수도 있지만 결국은 맑게 되는바 이는 ☰의 탈출성 때문이다. 하늘은 가만히 있어도 모든 장애물로부터 벗어나게 되어 있는 것이다. ䷄ 괘상은 바로 이런 상황을 보여 준다.

이 괘상으로 세상을 보면 흠결 있는 자 ☵가 깨끗한 ☰에 달려들어 승부를 내고자 하나 결국 ☰이 이긴다는 것을 알 수 있다. 사필귀정事必歸正이란 말이 있는데 이것이 바로 ䷅의 결론인 셈이다. 재판이란 것도 그렇다. 처음엔 ☵ 때문에 혼란스럽다. 하지만 ☰은 자신의 모습을 드러내며 마침내 승리하는 것이다. ䷅은 옳은 것이 재판에서 이기는 모습을 보여 준다. 손으로 하늘을 가린다는 말이 있는데, 이는 ☵가 하늘을 가리려 하지만 결국은 하늘을 다 가릴 수 없음을 의미한다.

운명에 대해 잠깐 살펴보자. 운명은 처음엔 알 수가 없다. 그러나 세월이 지나 그 시점이 오면 모든 것이 확연하게 드러나게 된다. 이는 마치 하늘이 재판하여 운명의 결과를 선고하는 것과도 같다. 자연의 섭리가 그렇다. 처음엔 엉켜서 모를 일도 이윽고 하늘이 다 밝혀 주는 것이다. 공자가 군자는 운명을 두려워한다고 했는데, 이는 하늘의 재판을 사람이 다 알 수 없으니 경건한 마음을 가지고 살펴보라는 뜻이다.

䷅의 뜻은 이와 같지만 주역의 문법을 다시 살펴보자. ䷅와 ䷄은 상하의 괘를 바꾸어 놓은 것이지만 다른 방식으로 보면 상하를 뒤집어 놓은 것이다. 주역의 대성괘 56개는 모두 이렇게 되어 있다. ䷂(수뢰준) 다음에 ䷃이 있고 ䷂ 다음에는 ䷀이 있다.

䷀(건위천)→ ䷁(곤위지) 이 변화는 양 6개가 음 6개로 바뀐 것이다. 하지만 ䷂→䷃ 이 변화에서는 전후로 음양의 개수에 변화가 없다. 즉 음 4개, 양 2개가 유지된다. ䷏→䷜ 이것도 음양의 개수에 변화가 없다. 이러한 변화를 수평 변화라 하는데 여기에는 심오한 내용이 함축되어 있다. 이것은 오늘날 과학에서 보면 엔트로피의 변화에 해당한다. 이 개념을 사용하여 괘상을 음미해 보자.

䷏→䷜ 이 과정은 하늘에 물이 담겨 있다가 쏟아지는 것을 보여 준다. 이를 두고 자연과학에서는 엔트로피가 증대되었다고 말한다. 산 위의 물과 산 아래의 물은 수량은 같아도 쓸모가 다르다. 산 위의 물로는 발전기를 돌릴 수 있으나 산 아래 흐르는 물로는 발전기를 돌릴 수 없다. 주역의 괘상을 이해하는 데 있어서 엔트로피 개념이 어떻게 활용되는지 앞으로 더욱 깊게 다루겠지만 여기서는 대충 이해하고 넘어가면 된다.

세상의 모든 사물이 에너지와 엔트로피로 구성되어 있는바 주역의 괘상도 이 한계를 넘어설 수 없다. 옛사람은 오늘날 과학에서 다루는 에너지와 엔트로피 개념을 몰라서 주역을 해석하는 데 애를 먹었다. 그들은 주로 문학과 철학을 사용했던 것이다. 물론 옛사람도 주역의 수리와 현상 이론을 연구했지만 오늘날 과학에 견줄 수는 없다. 주역을 이해하기 위해 에너지와 엔트로피 개념, 위상수학 개념이 반드시 필요한데 다산 선생은 그의 이론에 위상 개념을 약하게나마 도입한 바 있다.

이제 공자님이 천수송 괘상에 대해 어떤 교훈을 남겼는지 살펴보자. 원전은 이렇게 말한다. 천여수위행송 군자이 작사모시(天

與水違行訟 君子以 作事謀始). 하늘의 물이 역행하니 군자는 일을 행함에 있어 처음부터 잘 살펴서 한다. 세상만사는 모순이 있으면 나중에 탈이 나는 법이다. 가끔 잘못된 일이 무사히 넘어가는 경우도 있지만 대개는 사건이 생기는 것이 자연의 이치다. 편협되고 사악한 생각으로 만들어진 일은 결코 무사하지 않은 것이다.

공자는 매사를 제대로 하고 훗날 일어날 화를 미리 생각하면서 일을 하라는 것이다. 요즘 말로 안전 불감증은 군자로서는 결코 용납될 수 없는 행위라는 것을 공자는 자상히 경고해 주었다.

07

백성을 포용하여
군중을 모아라

지수사
地水師

이 괘상은 ☵(수)와 ☷(지)로 이루어진바 이들은 이미 공부한 것이다. ☵가 하늘(☰)에 있다가 지금은 땅(☷) 아래로 내려왔다. 하늘에 오른 ☵는 가장 높은 곳에 있는 것이고 땅 아래 숨은 ☵는 가장 낮은 곳에 있는 것이다. ☵가 아래에 있는 괘상으로 ䷃(산수몽), ䷅(천수송)을 공부했고 이번에는 ䷆(지수사)로서 ☵가 아래에 있다는 것이 공통적이다.

☵가 아래에 있는 괘상은 모두 8개인데 앞으로 이들을 다룸으로써 ☵가 아래에 있을 때의 작용을 완전히 이해하게 될 것이며 나아가 괘상이 아래에 있다는 것의 보편적 의미를 터득하게 될 것이다. 주역은 8개의 괘상과 상하 논리로 이루어졌다. 그래서 주역의

이론은 어렵지 않다. 다만 결과적으로 유형이 64개나 되어서 어렵다고 느껴지는 것뿐이다. 차분히 생각해 보면 성인이 아닌 우리 범부들도 충분히 이해할 수 있는 것이다.

䷆ 괘상은 단순히 말하면 땅속에 물이 있다는 것 외에 다른 것을 말하지 않는다. 땅 아래의 물은 도대체 무슨 의미가 있을까? 세상의 모든 사물은 겉으로 형상을 나타내 보이지만 그것은 안으로 뜻을 간직하고 있다. 땅속의 물을 해석함에 있어 이 괘상을 단순히 지하수가 있는 땅으로 이해할 수도 있지만 이래서는 주역의 개념을 이해할 수 없다. ☵는 물뿐만 아니라 더 많은 뜻을 함유하고 있기 때문이다.

☵는 사람을 뜻하기도 하는바 ䷆는 낮은 땅에 사람이 잠복하고 있는 모습이다. 군사작전 때 흔히 군인들은 땅에 납작 엎드려 존재를 감춘다. 그래서 이 괘상은 군사를 뜻하는 사師로 이름한 것이다. 우리 몸에 세균이 잠복하고 있을 때도 마찬가지이고 극장같이 어두운 곳에 사람이 많이 모여 있을 때도 이 괘상을 쓴다. ☵는 백성을 뜻하기도 하고 지하수로서 풍수에서 말하는 수맥도 여기에 해당된다.

☵는 또 흉이란 의미도 있는 바 ䷆는 나쁜 운명이 숨어 있다는 뜻도 된다. 수맥은 흔히 나쁜 땅을 상징한다고 보는데 ☵ 자체가 흉을 뜻하기 때문에 그런 해석이 나오는 것이다. 그러나 땅속의 물, 즉 수맥을 무조건 나쁘게 볼 수는 없다. 지하수가 있어서 샘을

팔 수 있다면 그 땅은 효용이 더욱 높아진다. 풍수에서 수맥을 흉이라고 하는 것은 무덤 속의 물을 의미한다. 처음에는 그랬던 것이 세월이 흐르면서 땅속의 물은 무조건 나쁘다고 해석하게 된 것이다. 이는 주역의 뜻을 잘 몰라서 빚어진 에피소드쯤으로 여기고 넘어가면 된다.

괘상으로 돌아오자. ䷆는 지하의 물을 뜻하기도 하지만 그저 낮은 땅으로 이해하는 것이 좋다. 여기서 공자의 가르침을 음미해보자. 원전에는 이렇게 표현되어 있다. 지중유수사 군자이 용민축중(地中有水師 君子以 容民畜衆). 땅속에 물이 있는 것이 사師이고 군자는 이 괘상을 보고 백성을 포용하여 군중을 모은다. 이는 정치를 잘하라는 뜻이다. 예나 지금이나 나라가 생기면 백성이 모이는바 정치를 잘하면 땅에 물이 모이듯이 백성이 모이는 법이다.

공자는 ䷆ 괘상에 대해 군사적 잠복이나 흉한 운명이 숨어 있다는 것은 말하지 않고 평범한 인간 생활을 견주어 괘상을 말하고 있다. 공자는 항상 평범하고 좋은 상황에서 괘상을 설명한다. 괘상은 원래 선악이 없다. 악한 상태에서 적용할 수도 있고 선한 상태에서 적용할 수도 있다. 땅 아래 물은 백성이 모인 것을 뜻하고, 어린아이가 안정된 곳에서 놀고 있는 모습도 뜻하며, 범인이 깊숙한 곳에 숨어 있는 것도 뜻한다. 주역에서 ☵는 물이 아니고 물 같은 것이며 ☷도 땅만 뜻하지 않고 엄마의 품속이나 가정 같은 것을 뜻한다.

괘상의 다양한 뜻을 공부하다 보면 주역의 큰 뜻이 깨달아진다. 항상 한 가지 상황만 바라본다면 주역은 영원히 깨달을 수가 없다. ䷆는 엄마의 보호를 잘 받고 있는 아이이니 왕은 백성을 엄마처럼 사랑하고 보호하라고 공자가 응용한 것이다.

08

군자는 만국을 세우고
제후와 친했다

수지비
水地比

이번 괘상도 ☵(수)와 ☷(지)로 이루어졌다. 앞의 괘상 ䷆(지수사)를 뒤집었다고 해도 되고 상하의 괘를 바꾸었다고 해도 된다. ☵, ☷, ☰(천), ☲(화) 이들 괘상은 두 개씩 짝을 이루어 놓고 보면 단순히 상하를 바꾼 것이나 뒤집은 것이나 형상이 달라지지 않는다. 그래서 ☵, ☷, ☰, ☲를 부동괘不動卦라고 부른다. 다만 주역 원전의 일반적 순서로 보면 뒤집은 것이 맞다. 단지 우리가 괘상의 뜻을 공부하고자 할 때는 상하의 위치가 바뀐 것으로 파악하는 게 쉽다.

䷆는 ☵가 아래에 있었는데 이번에는 ☵가 위로 올라가 ䷇(수지비)를 이루었다. 이는 물이 땅 위에 있다는 뜻이고, 이에 비해 ䷆의 물은 낮은 땅에 있다는 뜻일 뿐이다. 어차피 모든 물은 땅 위에 있다. 바닷물도 그 아래에 땅이 있으므로 역시 땅 위에 있는 셈이다. 그러나 바닷물은 땅 아래에 있는 연못으로 해석하는 것이 편리하다. 모든 연못도 마찬가지인바 ䷇는 어디에 있는 물이든 지상의 모든 물은 땅 위에 있음을 강조하는 것일 뿐이다.

그렇다면 땅 위에 있는 물이란 게 무슨 의미인가? 자연 생태계에서는 그저 물이 땅 위에 모여 있다는 것이다. 하지만 주역에서는 ☵가 물만 뜻하는 것이 아니라 사람, 자유, 군중, 험난 등을 뜻하는데, ䷇ 괘상에서는 땅 위에 사는 사람을 나타내고 있다. 짐승의 무리도 마찬가지이지만, 여기서는 의미가 있는 사람의 무리를 다루고 있다.

䷇를 해석하려면 ☵의 뜻과 ☷의 뜻을 먼저 확인해야 한다. ☷는 근원적 장소이고 만물을 그 위에 올려놓고 있다. 그리고 주역에서는 ☷를 음극이라 하여 모든 괘상 중 가장 낮은 위치에 있다고 본다. ☰은 가장 위에 있는 것으로 ☷와 ☰을 비교하면 그 뜻이 더욱 명확해진다.

☵는 하향의 성질이 있어 결국은 땅 위에 와서 정착하게 된다. 물론 더 낮은 땅이 있다면 그곳으로 이동할 것이다. 여기서는 ☵가 하늘 위 즉 ䷄(수천수) 상태에서 땅 위로 내려왔다고 해석하면 된다. 또한 ䷄는 사람이 아직 정착할 곳을 찾지 못한 상태, 이를테면 난민이 살 곳 없이 돌아다닌다는 뜻인 데 비해 ䷇는 사람이 살 곳을 제대로 찾아 머무는 형상이다. 이는 국민이 조국에 돌아와 편안

히 정착한 모습이다. 그래서 ☵는 영토 안에 있는 국민이고 ☵는 영토 밖에 있는 국민이다.

땅 위에 있는 물은 서로 이웃이 있고 서로 친할 수 있다. 이에 비해 하늘 위에 있는 물은 저 스스로가 불안정한 위치에 있으므로 이웃과 친하고 뭐고가 있을 수 없다.

공자는 ☷에 대해 무엇을 특정했을까? 괘상의 뜻에 부합하면 어떤 예를 들어도 상관없지만 공자는 땅 위에 사는 수많은 사람들에게 주목했다. 원전은 이렇게 말한다. 지상유수비 선왕이 건만국 친제후(地上有水比 先王以 建萬國 親諸侯). 땅 위에 물이 있는 것이 비比인 바 선왕은 이 괘상을 보고 만국을 세우고 제후와 친했다. 여기서는 군자 대신 선왕이라고 표현했는데 같은 뜻이다. 먼 옛날에는 왕 또는 정치에 임하는 사람을 군자라고 하였는데 오래 세월이 흐르고 나서는 정치를 할 만한 사람, 즉 인격자를 군자라 칭하게 되었다.

선왕先王이란 예로부터의 왕이라는 뜻이다. 군자 즉 왕은 ☷를 보고 나라를 세워 그곳에 사람이 모여 살게 하고 서로 친하게 했다. 제후라고 표현한 것은 이웃나라까지 포함한다는 뜻이다. 공자는 백성들이 영토 안에서 편안히 살면서 서로 사이좋게 지내라고 당부한 것이다. 오늘날 우리 국민은 극단적으로 대립하고 있는데 공자가 보면 한탄할 일이 아닐까! 무릇 땅에 사는 모든 사람은 무엇보다도 먼저 평화를 이룩하고 서로 도우며 살아야 할 것이다.

09

위엄이 있으되
사납지는 말라

풍천소축
風天小畜

이 괘상을 연구하기 전에 새로 등장한 괘상을 살펴보자. 바로 ☴(풍)
이다. 이것은 바람 같은 존재로서 흐르고 있는 모든 것을 뜻한다.
냇물이 흐르거나, 많은 행인들이 걷고 있거나, 자동차들이 줄지어
이동하거나, 유행이 흐르는 것 등을 의미한다. 그 외에 확산이나
소통, 새로움, 가벼움, 시원함, 도로, 터널, 옷, 나무 등도 해당된다.
독자 여러분은 열거한 것들이 모두 일맥상통함을 이해해야 한다.
또한 다른 예를 찾아보아도 좋다. 많이 찾아낼수록 그만큼 ☴의 뜻
을 깨달아 갈 것이다.

　☰(천)에 대해서는 이미 공부한 바 있지만 몇 가지 예를 더 찾
아보자. ☰은 도덕이나 인격, 강인함, 열정, 에너지, 영원한 것, 정

의, 공정, 조물주, 신, 만물의 근원, 막강한 힘, 영혼, 정신 등을 의미한다. 이번에 다루는 괘상에서는 ☰이 아래에 있는바 이는 위로 밖으로 힘이 치솟는 위치에 있는 것이다. 양에는 위로 향하는 성질이 있다는 것은 앞서 공부한 내용이다.

여기서 ☷이 위에 있고 ☰이 아래에 있으면 어떤 상황이 벌어질까? 이해하기 쉽게 흔한 예를 들어 보자. 냄비에 국을 끓이고 있다고 하자. 열을 받아 온도가 점점 올라가면 냄비 안의 수증기는 압력이 올라간다. 그리고 그 힘은 냄비 뚜껑을 밀어낸다. 뚜껑은 자기 무게로 최대한 버티려고 하지만 이윽고 수증기의 압력을 이기지 못해 덜렁거린다. 물이 넘치기도 한다. 이런 상황이 바로 ䷊이다.

속어 중에 화가 난다는 의미로 뚜껑이 열린다고 말한다. 이는 뇌가 몹시 화가 나서 그것을 통제할 수 없을 때 쓰는 말이다. 냄비가 넘치는 것과 뇌가 통제력을 잃는 게 어딘가 비슷하지 않은가? 비슷한 것은 뜻 또한 같다. 주역은 비슷한 것은 비슷한 것대로 묶어서 그 핵심 의미를 밝히는 학문이다. ☰ 위에 있는 ☷은 가벼워서 ☰의 기운을 방출하게 되는데 소비라든가 낭비 따위도 다 같은 뜻이다. 사람이 쓸데없이 말을 많이 하고 다니는 것도 ䷊이다. 말이 많으면 기력이 손상되어 몸의 건강에도 나쁘지만 정신이 새고 있어 뇌력도 약해지는 법이다.

상대적으로 ☰은 세상의 모든 에너지를 표현하는 것이고 ☷은 새어 나가는 것을 뜻한다. 그래서 ☷은 문을 뜻하기도 하는데 ䷊은

문이 조금 열려 있는 상황이니 기운이 새어 나가는 것은 물론이다. 그리고 ☴을 다른 상황에서 해석하면 재미있는 현상을 설명할 수 있다. 어떤 아름다운 여인은 가만히 있어도 매력이 밖으로 내뿜어진다. 위대한 사람 중에 그 힘이 밖으로 느껴지는 경우가 있는데 이것도 같은 뜻이다. 그런데 여기서 짚고 넘어갈 중요한 사항이 있다.

☴은 양의 괘상이다. 그리고 ☰도 양의 괘상이다. 하지만 ☴은 ☰에 비하면 상대적으로 음에 해당된다. ☴은 ☴이 음인 만큼 막아주고 또한 양인 만큼 흘려 내보내는 것이다. 이와 같은 현상은 자연스럽게 이루어지는바 사람의 얼굴에서는 정신 상태가 배어 나오는 법이다. 관상가들이 사람을 보고 운명을 판단할 때도 정신의 내용을 살피는 것이다. 아주 바보와 큰 도인들은 아무리 살펴도 그 내면의 기운이 발출되지 않는데, 바보는 속에 들어 있는 것이 없어서 그런 것이고 도인들은 겉으로 단속이 심해서 평범해 보일 뿐이다. 풍수에서는 기운의 통로 즉 ☴과 그것이 멈추어 섰을 때 즉 ☱(택)을 살피는 것을 중시한다. ☱은 ☴의 기운이 갇혀 있는 것인데 해당 괘가 나오면 그때 가서 설명하겠다.

여기서 공자의 마음을 살펴보자. 원전은 이렇게 전한다. 풍행천상소축 군자이 의문덕(風行天上小畜 君子以 懿文德). 하늘 위에 바람이 부는 것이 소축小畜이니 군자는 이 괘상을 보고 문덕을 아름답게 한다. 여기서 문덕文德이란 수행자의 인격과 품위, 재덕, 행실 등을 의미한다. 이를 아름답게 한다는 것은 군자의 풍모를 아름답게 드러낸다는 뜻인바, 군자의 권위란 다름 아닌 문덕이 드러날 때 보이는 아름다움을 의미한다. 공자는 《논어》에서 이렇게 말했다. 군자의 덕은 바람이요 소인의 덕은 풀이니 바람이 불면 풀잎은 숙인다고…. 이는 군자의 문덕을 보고 소인들은 숙인다는 뜻이다.

공자는 이렇게 말하기도 했다. 군자위이불맹(君子威而不猛). 군자의 덕은 위엄은 있으되 사납지 않다. 군자의 풍모는 바람처럼 부드러울 뿐이다. 풍천소축風天小畜이란 낭비되고 밖으로 분출된다는 뜻인데 군자는 이를 군자의 문덕이 밖으로 분출되는 것으로 비유했다. 위인 앞에서 저절로 고개가 숙여지는 것은 그 내면의 문덕이 저절로 드러나기 때문이다. 원래 소축은 분출되어 저축되는 바가 적다는 뜻인데 공자는 겉으로 드러나서 좋은 것을 예로 들었다. 참으로 긍정적이고 자상하다. 여기서 풍기는 공자의 인격도 바람처럼 부드럽기만 하다.

10

상하의 이치를 분별하여
평화를 정착시켜라

천택리
天澤履

이번 괘상에는 새로운 8괘 ☱(택)이 등장했다. ☱은 연못과 같은 뜻이 있으며 그릇을 비롯해서 지갑, 서랍, 방, 엄마의 품, 아늑한 장소, 고향 등이 모두 여기에 해당된다. 형이상학적 개념으로 행복이나 낙원, 천당 등도 다 같은 뜻이다. 천택리 괘는 하늘 아래 연못이 있는 것인바 이것이 무슨 뜻이 있을까? 하늘 아래 괘상이 있는 것은 이번이 두 번째다. 앞서 ☰(천수송)을 공부했는데 하늘 아래 괘상이 있을 때 어떤 뜻이 되는지 깊게 음미해 두어야 한다. 한 괘상 아래 자기 자신 괘와 7개의 다른 괘상이 있는바 이를 확인하면서 괘상이 어떻게 변화하는지를 이해하면 괘상의 문법을 터득하게 된다. 이는 모든 괘상을 이해하는 절대적 방법이다.

하늘 아래 연못은 어떤 뜻이 있는가? ☱은 하늘 아래 물이 있어 종내 오르지 못한다는 것을 뜻하는데 ☱(천택리)의 연못은 아예 물이 아래로 떨어져 모여 있는 것이다. 우리 주변에 있는 연못을 상상하면서 따라가 보자. 너무 큰 연못을 생각하면 이해하기가 쉽지 않다. 특히 바다를 생각하면 안 된다. 바다는 연못이 아니다. 하늘 아래 연못의 모습을 보자. 이는 노출되어 있다. 연못이란 하늘에다 자기의 모습을 보이는 존재다. 사람이 알몸을 노출하고 있어도 ☱와 같은 뜻이 된다.

기업에 있어 투명 경영이라는 말이 있는데 이 또한 ☱와 같은 의미이다. 이 모든 것은 연못이 위쪽으로 열려 있기 때문에 그와 같은 해석이 나오는 것이다. 연못은 아래로 담고 위로는 열려 있다. 이런 연못을 뒤집으면, 즉 쏟아 내면 흐르는 물인 ☴(풍)이 되고 ☴을 담으면 ☵이 되는 것이다. 그래서 ☴(풍천소축)이 하늘 위를 돌아다니는 비바람이라면 ☱는 하늘 아래 조용히 담겨 있는 연못이 된다.

여기서 보자. ☵은 물뿐만 아니라 담겨 있는 것은 모두 해당된다. 쌀을 바가지에 담고 있는 것도 ☵이고 지갑에 돈을 넣은 상태도 ☵이고 엄마가 아이를 품속에 안고 있어도 같은 뜻이다. 그러므로 ☱는 하늘을 담고 있다는 의미가 되는 것이다.

연못을 자세히 보자. 땅이 움푹 파이고 그 안으로 하늘이 들어와 있지 않은가! 이는 형이상학적으로 얘기하면 하늘의 뜻을 담고 있다고 말할 수 있다. 연못이란 범람하면 흘러가는 것이고 담겨 있으면 그 안에 하늘을 품고 있다는 뜻이다. 이는 경거망동하지 않고 분수를 지킨다는 의미가 된다. 아랫사람의 도리이기도 하다. 윗사람에게 자기 자신을 보여 주되 함부로 나서지 않는 것을 말한다. 연못이란 하늘의 발자국이라고 해도 된다. 하늘이 땅속으로 자기의 자취를 남긴 것이다. 괘명을 리履라고 한 것은 하늘을 품되 범람하지 않고 자신의 위치를 지키고 있는 모습을 괘명으로 삼은 것이다.

연못을 음미해 보라. 제자리에 고요히 안정되어 있지 않은가? 반면 흐르는 물은 정착되지 않고 계속 움직인다. 다르게 말하면 ☵은 요동하는 것이고 ☱은 제자리를 지키고 있는 것이다. ䷉의 형상은 명상을 할 때 본받을 만한 절대 교훈을 담고 있다. 명상은 어떻게 하는 것일까? 먼저 단정히 앉아서 마음을 가라앉힌다. 이는 대자연의 섭리를 평온하게 받아들인다는 뜻이다.

명상을 하는 자세, 즉 앉음의 자세도 연못이 땅 아래 편안히 자리잡고 있는 모습이다. 명상이란 평온하게 앉아서 하늘의 섭리를 받아 내는 것이다. 마음이 요동하거나 범람하지 않고 자기 자신을 하늘에 노출시킨다는 것은 온 세상에 자신의 솔직한 모습을 드러낸다는 뜻이다. 꾸며 대지 않고 자기를 속이지 않고 하늘 아래 투명하게 하는 것이 명상이다. 명상은 하늘 아래 연못이 자리잡고 있는 것을 본받는 행위일 뿐이다. 명상의 자세 중에 손바닥을 위로 보이게 하는 것도 다름 아닌 연못을 상징하는 것이다.

이쯤에서 공자의 생각을 보자. 원전은 이렇게 말한다. 상천하택리 군자이 변상하정민지(上天下澤履 君子以 辯上下定民志). 하늘이 위에 있고 연못이 아래에 있는 것이 리履이니 군자는 이를 보고 상하의 이치를 잘 분별하여 백성의 뜻을 정착시킨다. 이는 백성이 분수를 잘 지키고, 위계질서를 지키고, 법을 지키고, 혼란을 일으키지 않고, 평화롭게 정착되어야 한다는 것을 가르치고 있는 것이다.

백성이 지나치게 나라의 일에 관여하는 것은 연못이 파괴된 것을 의미한다. 이렇게 되면 세상이 혼란해진다. 공자는 하늘의 큰 뜻을 담고 살아야 한다는 정도까지는 말하지 않고 누구나 할 수 있는 분수를 얘기했다. 그러나 실은 분수를 지킨다는 것은 질서이고 발전이다. 천지의 운행은 정지되어 있는 것으로부터 시작되는 법이다. 때가 되어 흐를지언정 평화롭게 제자리를 지키는 것이 우선이다.

온 세상의 모든 이치는
음양에 있다

지천태
地天泰

이번 장에서 다룰 대상은 주역 64괘 중 아주 특별한 괘상이다. 음양이 극단적으로 작용하는 상황이기 때문이다. ☰(천)은 양의 극한, ☷(지)는 음의 극한인바 이 두 개의 괘상이 만나 일어나는 현상은 우주 삼라만상의 작용 중에서도 가장 중요한 작용이다. 알다시피 대자연은 음과 양으로 이루어져 있다. 이 두 요소는 우주의 전부인 것이다.

여기서 우선 ☰의 작용을 보면 이 괘상의 성질은 당초 우주가 창생되는 것을 주관한 무한 생명체다. 이것은 발산과 팽창을 통해 우주 모든 것에 기운을 보급한다. 중요한 성질은 단순히 말해 팽창으로 요약된다. 우리의 우주는 지금도 팽창을 계속하는데 그 이유가 ☷의 작용 때문인 것이다. ☷는 대자연에서 ☰이 먼저 나타나므로 그것을 중화시키기 위해 발생한 것이다. 중화란 자연의 가장 중요한 섭리다. 한쪽으로 치우치지 않고 음양이 조화를 이루는 것이다. ☷는 축소 작용을 주관하는데 만유인력이란 것도 바로 이 힘이다.

우주의 탄생 이전에는 음양이 서로 만나 응집해 있었는데 그것이 폭발하여 지금의 대자연이 만들어진 것이다. 괘상 ䷊(지천태)는 우주의 씨앗으로서 삼라만상이 모두 여기서 나온다. 빅뱅은 다름 아닌 ䷊의 작용일 뿐이다. 아직도 우주에서는 그 과정이 진행 중에 있는데 영원히 계속될지는 자연과학의 중요 주제 중 하나다. 우리는 ䷊의 작용을 가까이서 살펴볼 수 있다. 위상 공간에서 ☰은 ↑이런 화살표 방향으로 전개되고 ☷는 ↓방향으로 전개되는 성질이 있다. 양은 밖으로 치닫고 음은 안으로 회귀한다는 뜻이다. 이제 ䷊ 괘상의 작용을 방향으로 표시하면 이렇게 된다.

이 모양은 어떤가. 서로의 힘이 한곳으로 모여 압력이 형성되는 모습이다. 이는 높은 곳에 물이 있어 아래로 향하고 있는 형상이고 아궁이 아래 뜨거운 기운이 위로 향하는 것을 합쳐 놓은 것과 같다. 이 힘은 고도의 균형을 뜻하나 반드시 깨지는 것은 자연의 법칙이다. 이런 섭리로 일어난 현상이 바로 빅뱅인 것이다. 아주 작은 일을 얘기하자면 남녀가 만나 각종 사연과 역사를 이루어

내는 것과 같다.

우리의 몸도 큰 힘을 간직하고 있는데 이것이 밖으로 분출되어 나가는 과정이 바로 인생이다. 산에서 자라는 거목이 베어지고 공작되어 가구로 만들어지는 과정은 바로 ䷁의 작용을 보여 주는 것이다. 은행에 쌓인 돈도 같은 뜻인바 그 돈은 어딘가 쓰임처로 가게 될 것이다. 살아 있다는 것은 아직 ䷁의 기운이 다 소모되지 않았다는 뜻이다. 시계의 태엽을 감아 놓은 상태, 에너지가 쌓여 있는 상태 등이 모두 ䷁로 표현되는데 자연과학에서는 이를 엔트로피가 작은 상태라고 말한다. 엔트로피가 작다는 것은 쓸모 있는 상태를 말한다.

우리의 우주에는 가장 중요한 법칙이 있는데 바로 엔트로피 증대의 법칙이다. 우주는 끊임없이 엔트로피가 증대하여 종말에는 우주가 소멸해 버리는 것이다. 대자연은 ䷁가 유지되는 한 존재하는 것이고 ䷁ 상태가 끝나면 우주의 역사도 막을 내리게 된다. 주역의 괘상은 에너지와 엔트로피로 설명될 수 있는바 ䷁는 엔트로피 최소, ䷀(건위천)은 양 에너지 최대, ䷋(천지부)는 엔트로피 최대, ䷁(곤위지)는 음 에너지 최대 등이다. 이 중에서도 엔트로피 개념은 아주 직접적으로 주역을 이해하게 한다. 예를 들어 괘상 ䷄(수천수)는 엔트로피가 작은 상태이고 ䷅(천수송)은 엔트로피가 큰 상태이다.

자연의 모든 사물은 엔트로피가 증대되고 있는바 ䷁은 유지가 쉽고 ䷀는 유지가 어렵다. 엔트로피의 개념만으로도 64괘상의 작용을 거의 다 이해할 수 있다. 예를 하나 더 들면 ☰☱(천택리)는 하늘 아래 연못이 있어 편안하고 ☴☰(풍천소축)은 하늘 위에 바람이 있는바 불편한 상황인데, 이 모든 논리가 엔트로피의 논리인 것이다. 하늘 위에 있는 것은 엔트로피가 작고 하늘 아래 있는 것은 엔트로피가 크다는 뜻인데 주역의 괘상은 최우선적으로 이것을 살펴야 그 뜻을 이해할 수 있는 법이다.

☷☰를 다시 보자. ☰은 본디 위에 있어야 하고 밖에 있어야 하는데 안에 들어서 있다. 그래서 장차 다른 곳 즉 위쪽으로 나아가려는 본능을 갖고 있는 것이다. 반면 ☷는 아래, 안쪽에 있어야 하는데 위쪽에 자리잡고 있어 아래쪽으로 회귀하려고 계속 힘을 쓰고 있다. ☷☰에서 우리는 자연의 작용을 가까이 바라볼 수 있는 것이다. 이를 자연과학적으로 조금 더 자세히 살펴보자. 자연계에는 열이라는 것이 있는데 열은 뜨거운 곳에서 찬 곳으로 흘러가는 성질이 있다. 이것은 엔트로피 증대의 법칙의 구체적 내용이다.

우리 지구를 보면 태양보다 차갑기 때문에 태양으로부터 끊임없이 열을 공급받으며 지구의 살림살이(작용)를 이어 가고 있는 것이다. 요점은 두 사물 사이의 온도차다. 뜨거운 태양이라고 해서 무작정 열을 발산하는 것은 아니다. 만일 태양보다 더 뜨거운 물체를 태양 곁에 놓아 두면 태양은 열을 뿜어 내지 않고 오히려 열을 흡수한다. 이러한 작용은 우주 대자연 속에서 보편적으로 일어난다. 인류 사회를 보면 돈이 열과 같은 역할을 한다. 돈이 흘러가면 거기서 일이 발생하는 법이다. 일이 바로 자연의 작용이다. 주역에서는 열이 바로 양이다. 양은 음을 향해 흘러 들어가고 거기서 작용이 발생한다.

☷는 음양의 극한적 차이를 보여 주는 괘상이다. 아래에 있는 ☰의 기운은 급격히 위로 향하여 ☷ 속으로 침투한다. 그리고 그 기운을 소진한다. 자본이 ☰이라면 ☷는 사용처다. 세상의 이치는 그 어떤 것이든 음양의 법칙을 벗어나지 않는다. 공자는 이에 대해 세상 사는 지침을 내려 주었다.

원전은 이렇게 표현한다. 천지가 그 힘을 교류하는 것이 태泰이니, 옛 왕은 이 괘상을 보고 천지의 도에 맞게 작용의 요점을 가다듬고 신하로 하여금 음양의 도리로 왕을 섬기게 하며 이로써 백성을 다스렸다. 천지교태 후이재성 천지지도 보상천지지의 이좌우민(天地交泰 后以財成 天地之道 輔相天地之宜 以左右民). 공자는 온 세상의 이치가 음양에 있으니 백성을 다스리는 일에서도 이를 넘을 수 없다는 것을 가르쳤다.

후后는 군자와 같은 뜻으로 사용하고 있는바 옛날에 성왕聖王이 많았고 이들의 치적에서 군자의 도리를 볼 수 있었던 것이다. 공자는 주역에 함유되어 있는 무한한 내용을 특히 정치와 처세에 응용하고 있다. 오늘날 사회라면 과학이나 경제, 사회, 문화, 안보 등에 적용할 수 있을 것이다. 주역은 그 이치를 터득하면 무한히 많은 응용이 가능하다.

12

검소한 덕으로 난을 피하고
관직으로 영달하지 말라

천지부
天地否

이번 괘상도 음양의 극단을 사용한 특별한 괘상이다. 주역 64개 괘상 중에는 4개의 특별한 괘상이 있는데 ☰(건위천), ☷(곤위지), ☱(지천태), ☶(천지부) 등이 그것이다. 이번 장에서 다룰 괘상 ☶는 음양이 서로 멀어져 가는 모습을 보여 주고 있다. 이로써 음과 양은 서로 협력하지도 않고 교류하지도 않으면서 각자 제 갈 길을 가고 있을 뿐이다. 이렇다면 천지의 작용은 정지하고 말 것이다.

☶는 양이 밖으로 발산하여 돌아오지 않고 음은 속으로 숨어 있으니 서로 힘을 합치지 못하고 자연의 작용은 소멸할 수밖에 없다. ☶는 엔트로피가 무한히 증대하여 우주가 종말을 맞이하는 것을 표현하고 있다. 대자연의 태엽이 완전히 풀려 있는 것이다. 우

주가 시작되기 전이 바로 이런 상태다. 하지만 우주의 어느 지역에서는 돌발 현상이 일어나 음양이 합쳐지기도 한다. 이것을 자연과학에서는 불확정성원리라고 하는데 이 원리 때문에 우주의 도처에서 태엽이 감긴 것이다.

애매한 현상처럼 보이지만 실은 그게 아니다. 대자연의 섭리에서는 지속되는 것도 언젠가는 파괴되는 법인데 이는 천의 작용이다. 양이란 원래 이탈 성질이 있는바 이 성질이 계속해서 새로움을 만들어 낸다. 반면 지의 작용인 유지하려는 성질 또한 있다. 이탈과 유지의 작용이 바로 양음의 작용인데 이로써 천지의 작용은 멈추지 않는다. ䷗도 현재는 음양이 서로 만나지 않고 있지만 장차 이 상태는 파괴된다. 이런 현상을 두고 자연과학에서는 자발적 대칭성 파괴라고 말하는데 한편 우주는 대칭성으로 회귀하는 성질도 있다.

이 모든 성질은 그저 음양의 성질일 뿐이다. 균형이 오래가면 그것은 저절로 파괴되고 또한 혼란이 오래가면 저절로 수습되는 것이다. ䷗ 괘상은 음양이 각각 제 갈 길로 떠나감으로 인해 모든 현상이 수명이 다했다는 뜻이다. 이 괘상은 이것만을 설명하고 있다. 장차 음양이 다시 화합하면 그것은 다른 괘상으로 나타나게 되는 것이다.

䷗ 괘상은 아주 넓은 것을 뜻하기도 하는데 천지의 사이가 벌어진 것으로 세상 그 자체를 의미하기도 한다. 그러므로 ䷗는 막

혔다, 협력하지 않는다 외에 해야 할 일이 무한히 많다, 영원하다 등도 표현한다. 다만 가까운 우리 주변을 살피면 ䷋는 무엇이든 어긋나는 것을 의미하는바 부부가 화합하지 않고 상하의 마음이 서로 갈라지고, 계약은 결렬되고, 일감이 없고, 손님이 찾아오지 않고, 발전이 정지된 상태다. 이러한 상태가 오래가면 세상은 파탄에 이르게 되는데 작은 일에서부터 화합을 이끌어 내야만 새로운 작용이 일어나게 되는 것이다.

세상일이 잘 되어 간다는 뜻은 음양이 화합한다는 것에 다름 아니다. ䷋ 괘상은 세상이 끝났을 때를 보여 주며 한편 세상이 아직 시작하지 않았을 때를 보여 준다. 우주는 음양이 화합하면 작용이 시작되고 화합이 깨지면 우주도 끝이 난다. 현재 우리의 우주는 음양이 서로 멀어져만 가는 그런 곳이다. 이것이 (태엽처럼) 새로이 감겨지게 될지는 아무도 모른다. 우리 우주의 시작인 빅뱅이 여러 차례 있었던 것으로 과학자들은 생각하고 있다. 현재 이 우주에 그런 증거가 남아 있다고 한다. 다만 지구는 아직 태엽이 많이 감겨 있는 상태로서 수억 년을 지탱할 것이다.

이쯤에서 ䷋ 상황에서 어떻게 처신할지 공자의 가르침을 음미하자. 원전에는 이렇게 쓰여 있다. 천지불교비 군자이 검덕피난 불가영이록(天地不交否 君子以 儉德辟難 不可榮以祿). 천지가 교류하지 않는 것이 비이니 군자는 이에 검소한 덕으로 난을 피하고 관직으로 영달하지 않는다. 천지부의 상황은 모든 곳에서 화합이 이루어지지 않으므로 머지않아 큰 환란이 도래할 것은 자명한 이치다. 군자는 이런 상황에서 미리 일어날 난을 방비하거나 피신할 준비를 해야 하는 것이다. 비록 벼슬에 있을지라도 이런 자리조차 안전하지 않을 것인즉 영달을 꾀할 수는 없는 법이다.

세상이 무너지는 것은 음양이 화합하지 않기 때문이므로 이부터 해결하지 않으면 저절로 회복되지는 않는다. 군자는 때에 따라 처신을 해야 하는 것이니 상황을 잘 살펴야 한다. 상하가 반목하고, 부부가 의견이 심하게 충돌하고, 어른과 아이가 사랑과 존경을 하지 않고, 예의 규범이 서지 않고, 정부와 백성이 대치하는 것 등은 모두 음양의 기운이 서로 도움을 주지 않고 결별하고 있는 모습이다. 참담한 세상인 것이다. 이런 상황이 부분적으로 일어날 수도 있고 국가적으로 일어날 수도 있으나 음양이 화합하지 않는 현상은 전염성이 아주 강한 것이다.

원문에 천지가 교류하지 않는다는 것은 상하가 화합하지 않는다는 뜻이다. 세상을 자세히 살펴보면 상하가 서로 불신하고 힘을 합치지 않으면 망하는 사례를 얼마든지 볼 수 있다. 군자는 이를 경계해야 한다.

13

하늘과 불이 부합하니
군자는 이로써 사물을 나눈다

천화동인
天火同人

이번 장에 새로운 원소 ☲(화)가 등장하면서 8괘가 모두 다루어지게 되었다. 그동안 7개의 원소로 12개의 대성괘를 설명했는데 7개의 원소라면 $7 \times 7 = 49$개의 대성괘를 만들 수 있다. 앞으로 모두 등장할 터이지만 주역의 논리는 8괘와 상하의 배치일 뿐이다. 주역은 알고 보면 아주 단순하다. 8괘는 실은 그리 어려운 것이 아니다. 상하의 배치로 설명되는 대성괘도 마찬가지이다.

주역이 수천 년 동안 제대로 해석되지 않았던 것은 절차를 제대로 진행하지 않았기 때문이다. 우선 8괘를 자세히 이해해야 한다. 고작 8개의 개념을 따져 보는 것이니 어려울 이유가 없다. 상하의 논리도 그렇다. 8괘 하나하나가 위에 있을 때와 아래에 있을 때의 작용을 살피면 된다. 물론 옛 성인은 이러한 원리를 자세히 설명해 놓지는 않았다. 필경 너무 쉬워서 애써 설명할 필요가 없었을 것이다. 우리도 스스로 해결하려는 의지가 있어야 할 것이다. 옛날에는 선각자의 가르침이 필요했을 테지만 오늘날에는 과학의 힘이 있다. 이 세상의 모든 것은 합리적으로 되어 있는바 그것이 바로 과학이다.

새로 등장한 ☲에 대해 고찰해 보자. 이것은 빛이고 밝음을 상징한다. 그 외에 아름다움, 조화, 꽃, 질서, 문명 등을 나타내는데 이 장에서 필요한 개념을 선택해서 이해해 보자. 빛은 하늘의 보배로서 이것이 없으면 세상에서 아무것도 볼 수가 없다. 땅의 보배는 물인데 물과 불은 주역을 이해하는 가장 기본적인 개념이다. ☲는 위로 향하는데 이는 밝은 것은 하늘의 도리에 가까워진다는 뜻도 된다.

군자나 도인은 매일 하늘의 섭리에 다가선다. 반면 속인은 땅, 즉 본능의 섭리에 이끌려 내려온다. 옳은 마음은 빛과 같고 악한 마음은 본능에 따라 아래로 내려가는 물과 같다. 《논어》에 '군자상달 소인하달(君子上達 小人下達)'이라는 말이 있는데 군자는 불처럼 위로 향하고 소인은 물처럼 아래로 향한다는 뜻에 다름 아니다. 불은 하늘의 족속이고 물은 땅의 족속이기 때문이며 모두 같은 뜻이다.

하늘에는 정의로운 가치가 있는바 군자가 날로 수행하는 방향이 바로 그곳이다. 반면 땅에는 이익과 쾌락이 있는바 소인이 추구하는 방향이다. 밝은 불은 하늘로 향하는 성질이 있는데 군자의 정체성을 애기하는 것이고, 하늘은 자연의 대진리 그 자체를 의미하는 것이다. 불이 하늘로 향하고 물이 땅으로 향하는 것에 대해서는 유유상종類類相從이라는 사자성어가 있다. 이는 본성에 따라 만물이 서로 이합집산離合集散한다는 대자연의 작용 방식을 표현하는 것이다. 만물이 향하는 바는 모두 이런 원리에 기반을 두고 있다. 특히 우리 사회가 그런 성향이 더욱 분명하다.

공자는 ☰☲(천화동인) 괘상에 대해 응용하는 요점을 설명하고 있다. 천여화동인 군자이 유족변물(天與火同人 君子以 類族辨物). 하늘과 불이 부합하니 군자는 이로써 그 정체성으로 사물을 분류한다. 평범한 가르침이다. 하늘의 섭리나 군자의 행동을 말할 수도 있지만 공자는 더욱 포괄적으로 만물이 같은 족속과 뜻을 함께한다는 것을 일깨워 줌으로써 천지의 작용을 일목요연하게 강조한 것이다.

여기서 우리는 우리의 인생의 방향이 어디인가를 생각해 봐야 할 것이다. 우리의 본성은 무엇일까? 그리하여 우리가 최종적으로 도달하는 곳이 어디일까? 이로써 우리가 어떤 족속인지가 밝혀질 것이다.

14

태양이 온 세상을 비추듯이
밝음으로 세상을 경륜하라

화천대유
火天大有

전 장에 이어 이번에도 ☲(화)와 ☰(천)으로 이루어진 괘상이다. 여기에서는 뒤집어도 변치 않는 괘상이 사용되었다. 이른바 부동괘를 말한다. ☲와 ☰, 그리고 ☵(수)와 ☷(지)는 뒤집어도 같은 괘가 된다. 반면 ☴(풍), ☱(택), ☶(산), ☳(뢰)는 뒤집으면 다른 괘로 바뀌기 때문에 동괘라고 부른다. 부동괘는 방향성이 정해져 있지 않기 때문에 그만큼 이해하기 쉬운 면이 있다.

그러나 동괘는 뒤집었을 때 뜻이 바뀌기 때문에 다소 난해하기도 하다. 예를 들어 ☴은 뒤집으면 ☳이 되는바 뜻이 확 바뀌는 것이다. 하지만 그때그때 유의하면 되는 것일 뿐 주역을 이해하는 데 큰 곤란이 되지는 않는다. ䷍(화천대유) 괘상을 보자. ☲가 하늘

121

높이 있는 상황인데 무슨 뜻이 있을까? 쉽게 떠올릴 수 있는 예를 음미해 보자. ☲가 높이 떠 있다는 것은 태양이 높게 떠 있는 상황과 같은 것이다. 이때 태양 빛은 넓은 대지를 밝힌다. 내가 비행기를 처음 탔을 때 구름이 많은 날인데도 고공은 빛나고 있었다. 태양이 높게 떠 있고 비행기는 구름 위를 날고 있었기 때문이다. 태양 빛은 지상에서 볼 수 없는 광경을 보여 주고 있었다. 빛이란 높이 올라갈수록 멀리 뻗어 나가는 법이다.

☲가 하늘 위에 있다는 것은 위대함이 만천하에 드러났다는 뜻이다. 등산가가 히말라야 최고봉에 올랐을 때도 이와 같은 상황이다. 위대한 업적이란 하늘에 떠 있는 ☲에 비유되는 것이다. ☲는 아름답고 빛나고 위대함을 뜻한다. 올림픽에서 금메달을 따는 것은 국위선양과 함께 본인의 영광이므로 하늘에 있는 빛에 해당된다. 도인이 오랜 수행 끝에 심오한 경지에 오른 것도 같은 뜻이다. 나라의 임금이 성덕을 갖추어 온 백성이 태평성대를 누리는 상황도 ䷌로 표현할 수 있다. 그리고 무엇보다도 성인의 출현이 하늘 높이 태양이 떠오른 것에 비유될 수 있을 것이다.

우리 보통 사람도 인생의 어느 순간에 빛나는 성공을 이루기도 하는데 그때가 바로 ☲가 하늘 높이 떠 있는 상황과 완전히 같다. 태양이 떠올라 대지를 밝히는 것은 저녁이 되어 대지에 어둠이 깃들고 있을 때와는 완전히 대비되는 상황인데, 어두운 상황은 ䷇(수지비)로 표현된다. ䷇와 ䷌는 정반대의 상황을 나타내는 것이다. 주역의 모든 괘상이 그렇다. 괘상의 음양이 반대면 뜻도 반대가 된다. 앞으로 공부할 모든 괘상에 이러한 섭리를 적용하면 주역을 이해하는 데 필요한 정신적 수고로움이 절반으로 줄어든다.

예컨대 ䷀(건위천)의 반대는 ䷁(곤위지)이고 ䷌(천화동인)의 반대는 ䷆(지수사)이다. 앞서 공부한 몇 개의 괘상들 중 서로 정반대인 구조가 있었다. 주역 공부는 64개가 아닌 32개만 이해하면 된다. 모양이 반대면 뜻도 반드시 반대가 되기 때문이다. ䷍ 괘상이 어떤 상황을 그린 것인지는 쉽게 이해되었을 것이다. 세상사에는 그런 일이 종종 발생한다.

공자는 이런 상황에서 어떤 처신을 해야 하는지 방향을 설정해 주었다. 원전은 이렇게 전한다. 화재천상 대유 군자이 알악양선 순천휴명(火在天上 大有 君子以 遏惡揚善 順天休命). 하늘 위에 불이 떠 있는 것이 대유大有 괘이니 군자는 이를 보고 악을 막고 선을 드러내면 하늘에 순順해 명을 쉰다. 이는 태양이 온 세상을 비추듯이 밝음으로 세상을 경륜하라는 뜻이다. 천을 따른다는 것이 바로 밝음을 따르는 것이고, 그렇지 않은 것은 그만두라는 뜻이다.

천이란 ☰의 극한인바 밝고 위대한 섭리이고 ☷에는 천을 지향하는 성질이 있다. 성인의 가르침을 따르는 것은 하늘에 순한 것이고 하늘에 역행하는 것은 악한 일이다. 공자는 자상하게 상황에 따른 처신을 알려 주었지만 괘상 그 자체에 대해서는 설명해 주지 않았다. 모든 괘상에 대해서도 상황에 따른 처신만을 가르칠 뿐 괘상 자체가 당초 어째서 그런 뜻을 갖게 되었는지는 밝혀 주지 않았다. 이는 몹시 아쉬운 일이지만 그만한 이유가 있다. 괘상을 연구하는 일은 우리 같은 보통 사람도 얼마든지 할 수 있는 일인바 성인이 사소한 문제까지 관여하지 않았을 뿐이다.

또한 성인이 한 가지 예로써 괘상을 설명하면 범부들은 오로지 그 예만으로 괘상을 이해하려 하기 때문에 차라리 범부들의 깨달음에 맡긴 것이다. 예를 들어 ☵를 물이라고 하면 오로지 물만 이해할 뿐 어둠이라든가 어린아이라든가 무질서라든가 구덩이라는 등의 뜻은 이해하지 못하는 것과 같다. ☰만 보더라도 이는 모든 위대함이 크게 드러났다는 뜻이지 단순히 태양이 높게 떠 있음을 나타내는 게 아니라는 것이다. 주역의 괘상은 하나이지만 그 뜻은 수많은 같은 종류를 다 함축하고 있다는 의미이다.

15

많은 것을 덜어서
적은 곳에 보태라

지산겸
地山謙

지산겸 괘를 해석하기에 앞서 먼저 확인해 둘 것이 있다. 8괘는 모두 고유의 높낮이가 있는바 ☰(천)은 가장 높고 ☷(지)는 가장 낮은 괘라는 게 그것이다. ☶(산)은 ☷보다 높다. 그런데 지산겸 괘는 산(☶)이 땅 아래에 자리 잡고 있다. 높아야 할 것이 낮은 데 있고 낮아야 할 것이 높은 데 있는 것이다. 이로써 뜻을 나타내는 것이 주역 64괘이다. 앞서 우리는 가장 높아야 할 하늘이 낮은 데 있고 가장 낮아야 할 땅이 높은 곳에 위치한 괘 ䷊(지천태)를 공부한 바 있다.

주역의 괘상은 높고 낮음에 따라 뜻이 결정되는 것이니 괘상을 이해하려면 최우선적으로 높낮음을 확인해야 한다. 산이 땅 아래에 들어가 있다는 것은 어떤 뜻일까? 먼저 ☷의 뜻을 살펴보자. 이는 대지, 장소, 어머니, 넓다 등의 뜻이 있다. 또한 위치, 입장, 처지, 자세 등의 뜻도 있다. ☷은 덩어리, 엎드림, 견고함, 몸, 웅크림, 등짐, 배척, 방패 등의 뜻이 있다. 이상의 뜻을 합치면 ䷠(지산겸) 괘상은 낮은 자세로 잔뜩 웅크리고 있는 것, 적진에 들어간 군인처럼 보이지 않는 곳에 숨어 있는 것, 죄지은 사람이 꼼짝 못하고 눈치 보는 것, 숨어서 나서지 않는 것 등을 나타내고, 또한 겸손한 자세, 실력 있는 사람이 뽐내지 않고 자신을 단속하는 모습 등을 나타낸다.

또는 군대가 잠복하여 크게 일어날 준비를 취하고 있거나 수험생이 묵묵히 공부하는 자세, 세가 불리할 때 자세를 낮추고 때를 기다리는 모습, 화가 나도 밖으로 표현하지 않고 속으로 참고 있는 자세, 비밀 정보를 굳게 감추고 있는 자세 등이 ䷠ 괘상에 다 표현되고 있는 것이다. 이 많은 사물이 한 가지 모양이고 또한 뜻이 다 같다. 옛사람은 이들 중 겸손한 모습을 대표로 하여 괘명을 정했다.

우리나라 속담에 벼는 익을수록 고개를 숙인다는 말이 있는데 겸손과 같은 뜻이다. 지체 높은 사람이 낮은 자세를 취하는 모습도 마찬가지이다. ䷠ 괘상에는 우리 인간이 본받아야 할 많은 덕목이 숨겨져 있는 것이다. 그런데 괘상의 형상을 과학적으로 살펴보면 앞서 공부한 ䷹(천택리) 괘상과 ䷠ 괘상은 완벽하게 대비되고 있다. 두 괘상은 서로 정반대이다.

☰ 괘상은 하늘 아래 연못처럼 자기 모습을 노출시키고 있는데 ☷ 괘상은 반대로 자기 모습을 감추고 있다. 특별히 어떤 자세가 좋다고 얘기하려는 것이 아니다. 세상만사가 공개적이어야 할 때가 있고 감추어야 할 때가 있다. 사회에서 기업은 투명(공개)해야 맞지만 개인 생활의 비밀은 지켜지는 게 옳을 것이다.

주역의 괘상은 모두 64개이지만 두 개씩 짝을 지어 대비해 보면 32개의 항목일 뿐이다. 물론 괘상을 대비시키는 방법은 많이 있다. 그중에서 가장 강력한 것은 서로 정반대인 경우일 것이고 그다음으로 괘상을 뒤집어서 비교하는 것일 것이다. 예를 들어 ☷과 ☶(뇌지예). ☴와 ☱(풍천소축) 등이 그것이다. 고전 주역은 이 방법을 쓰고 있는데 이는 과학적인 비교와 문학적인 비교를 함께 다룬 것이다.

여기서 공자의 관점을 음미해 보자. 괘명은 겸이고 이 모습은 땅 아래에 산이 숨어 있는바 공자는 다음과 같이 말했다. 상왈 지중유산겸 군자이 부다익과 칭물평시(象曰 地中有山謙 君子以 裒多益寡 稱物平施). 이는 많은 것을 덜어서 적은 곳에 보탠다는 뜻인바 만물을 저울질하고 높고 낮음을 가려서 평형을 유지하라는 것이다. 힘 있는 사람은 없는 사람의 입장을 돌보고, 실력 있는 사람은 겸손을 행할 것이며, 지위가 높은 사람은 아랫사람을 굽어살펴야 한다는 것이다.

이 모두는 세상을 고르게 한다는 뜻이 있는 것이다. 공자는 불

평등한 사회를 조화롭게 맞추기 위해 이 괘상을 빗대어 가르치고 있다. 괘상의 뜻은 무한히 많고 깊다. 하지만 공자는 이 중에서도 단순한 이치를 끌어내어 가르치고 있다. 주역을 공부하는 사람은 괘상의 심오한 뜻을 다 깨달아야 하겠지만 그 과정에서 공자의 가르침을 놓쳐서는 안 될 것이다. 공자는 큰 뜻을 뒤로하고 백성을 위해 우선 깨달을 수 있는 덕목을 가르치고 있는 것이다.

좋은 음악으로
하늘을 경배하라

뇌지예
雷地豫

어떤 괘상이든 직접 해석하기 전에 먼저 이와 연관된 괘상을 살펴보는 것이 순서이다. ䷏(뇌지예) 괘상은 ䷈(풍천소축) 괘상과 정반대의 형상을 보이고 있다. 이는 ䷈과 ䷏의 뜻이 정반대라는 의미이다. 형상이 반대인데 뜻이 반대가 아니라면 주역의 모든 괘상을 해석한 것은 모두 거짓말이 된다. 주역의 괘상은 그 형상으로부터 뜻이 형성되는 법이다.

우리는 앞서 ䷈을 공부했는데 이는 기운이 새어 나간다는 것이었다. 솥뚜껑이 열려 있거나 문풍지에 구멍이 뚫린 것이다. 주머니가 새고 있거나 허영이 있거나 낭비가 심한 것도 같은 의미이다. 그런데 ䷏는 당연히 뜻이 반대가 될 터인바, ䷏ 괘상은 기운이 쌓이고 있다는 의미가 된다. 자세히 해석하면 대지에 우레가 부딪침으로써 땅이 들썩거리는 형상이다. 잠에서 처음 깨어나는 모습도 이와 같고 조용한 도시에 군대가 진입할 때도 같은 뜻이 있다.

또한 어떤 물체를 두드려서 나오는 소리도 같은 의미이고, 아침에 알람을 맞추어 두면 소리를 내어 잠을 깨우는 모습도 그러하다. 북을 쳐서 흥을 일으키는 것 또한 같은 형상에서 발생하는 현상이다. 여기서 생각나는 것이 하나 있다. 내가 어렸을 적 65년 전쯤 우리 사회에는 야경꾼이라는 직책이 있었다. 이들은 한밤중에 거리를 돌아다니며 나무막대기를 부딪쳐 소리를 낸다. 딱딱 소리에 모두들 겁을 먹고 도망가라고 하는 일이다. 이 일은 수천 년 전부터 있었다고 하는데 지금은 사라진 문화이다.

䷲ 괘상은 아래로부터 위를 받든다는 모습도 있는바 군대에서의 행진 사열이 이에 해당된다. 또한 음식을 잔뜩 쌓아 놓고 하늘에 제사를 올리거나 조상을 받드는 행위도 다 같은 뜻이다. ䷲ 괘상은 아래에서 위로 쌓여 간다는 뜻이니 백성이 하늘을 칭송하는 모습이고, 스포츠 경기에서 소리 질러 응원하는 모습인 것이다. 고요한 것에서 소리가 발생하여 기운을 북돋는 것이니 악기가 바로 그런 모습을 하고 있다. 인류 역사에서 처음 나타난 악기는 타악기라고 하는데, 물체가 부딪쳐 소리가 나는 자연현상은 옛사람도 쉽게 접할 수 있었기 때문일 것이다.

䷲ 괘상은 평화가 계속되다가 갑자기 비상 상황이 발생한 모

습이기도 한바 옛사람은 이 괘상을 보고 경계심을 갖추었다. 그래서 괘상의 이름도 경계를 하라는 예豫로 지어 놓았다. 또한 기죽지 말고 흥겹게 지내라는 뜻도 있는바 명절이라는 것이 이 괘상에서 받아 온 생각이다. ䷏ 괘상을 다시 보자. 이는 ䷎(지산겸)이 뒤집어진바, ䷎ 괘상은 감추는 것임에 비해 ䷏ 괘상은 드러내는 것이다. 포커 게임에서 패를 드러내 보이는 상황과 같은 모습이다.

조금 더 설명하자. 먼 옛날 우리의 조상들은 선돌이라는 것을 세웠는데 이는 커다란 돌을 땅에 세워 놓는 것이었다. 조상들은 어째서 이런 일을 했을까? 선돌은 누워 있던 돌을 단순히 세워 놓은 것일 뿐이다. 그러나 여기에 담긴 뜻은 심오하다. 선돌에는 자연에 도전하겠다는 강력한 의지가 담겨 있다. 이는 ䷏ 괘상으로 표현될 수 있는 것인바 우리의 조상들은 그 뜻을 충분히 알고 그렇게 한 것이다. 돌이 그냥 누워 있으면 산으로서 이것으로는 아무런 의지가 표현되지 않는다. 그러나 돌을 세우면 산이 우레로 바뀌어 역동성을 갖게 되는 것이다. 즉 ䷖(산지박) → ䷏로 변화가 이루어지고 거기서 새로운 뜻이 발생한다.

일상생활에서 고사를 지내는 것도 잠자고 있는 지신地神을 불러 경건한 예우를 갖추는 것으로 이것도 다름 아닌 ䷏에 해당된다. 높은 것은 ☶(산)이고 일어서는 것은 ☳(뢰)인바 ☳는 그 안에 새로움에 대한 강한 실행과 의지가 담겨 있는 것이다.

이쯤에서 공자의 가르침을 음미하자. 자아숭더 은천지상제 이

배조고(作樂崇德 殷薦之上帝 以配祖考). 여기서 음악이란 ☷를 말하고 또한 이는 하늘을 향해 경건함을 보이는 것이다. 이와 함께 조상에 대해서도 같은 의식을 행함으로써 땅에서 하늘로 뻗치는 우레의 형상을 본받은 것이다. 공자가 ䷏의 형상을 보고 최우선적으로 하늘에 경배하라 하고 또한 좋은 음악을 지어 하늘의 덕을 숭상하라고 한 것도 하늘을 받드는 행위일 뿐이다.

17

해가 질 때는
집으로 들어가 쉬어라

택뢰수
澤雷隨

주역의 괘상을 해석하는 데 있어 두 가지 사항이 우선 고려될 수 있다는 것은 앞 장에서 밝힌 바 있다. 괘상을 뒤집어 비교하는 것과 음양을 완전히 반대로 해서 비교하는 방법이다. 예를 들어 ䷹(수택절)과 ䷷(화산려)를 비교해 보자. ䷹은 집 안에서 머무는 형상이고 ䷷는 밖으로 여행하는 형상인바 음양이 바뀌면 뜻이 바뀐다는 것을 보여 주고 있다. 주역 64괘는 모두 이런 법칙을 벗어나지 않는다.

그리고 ䷹과 ䷺(풍수환)은 뒤집은 관계인데 ䷹은 그릇에 담겨 있어서 안정된 모습이고 ䷺은 물이 쏟아져 방황하는 모습이다. 이러한 비교 법칙이 성립하는 것이 56개나 된다. 나머지 8개는 뒤집어도 같은 괘가 나오기 때문에 뒤집은 것을 비교할 수가 없다.

☲(이위화), ☰(건위천), ☴(풍택중부), ☳(뇌산소과), ☵(감위수), ☷(곤위지), ☶(산뢰이), ☴(택풍대과) 등이 그것이다. 이들은 뒤집어도 자기 자신이기 때문에 뒤집어 비교하는 유용성을 취할 수 없다.

그런데 이 장에서 다룰 ☱(택뢰수)는 특이한 괘상이다. 왜냐하면 ☱를 뒤집으면 ☶(산풍고)가 되는데 ☶의 음양을 모두 바꾸면 이 역시 ☱가 된다. 즉 뒤집은 것과 음양을 바꾼 것이 동일한 괘라는 뜻이다. 이런 괘상이 8개나 된다. ☷(지천태), ☷(천지부), ☵(수화기제), ☵(화수미제), ☷, ☶, ☴(풍산점), ☱(뇌택귀매) 등이 그것이다. 그래서 ☱를 해석하는 데 다소 애를 먹는다. 그러나 걱정할 필요는 없다. 이럴 때는 새로운 괘상을 독자적으로 해석하여 추후 다른 괘상을 비교 해석하는 데 쓰면 된다.

☱는 어떠한 괘상인가? 먼저 ☱(택)의 뜻을 살펴보자. 이것은 연못, 그릇, 자루, 지갑, 주머니, 방, 엄마의 품 등의 뜻이 있다. 우레는 움직임, 동물, 물고기 등의 뜻이 있는바 ☱는 물고기가 연못에서 놀고 있는 모습이다. 또한 새가 둥우리에 있거나 사람이 방에서 쉬는 모습이다. 진지에서 쉬고 있는 군인들의 모습도 마찬가지이다. 좀 더 거창하게 얘기하면 용이 연못에서 기운을 축적하는 모습도 된다.

요점은 방에서 쉬면서 기운을 축적한다는 것이다. 막혀 있는 곳은 기운이 새어 나가지 않기 때문에 방에 있으면 자연적으로 휴식이 될 것이다. 벌판에 나가 있는 것과 비교하면 이해가 된다. 벌판은 사방으로 열려 있어 그런 곳에 오래 있으면 피곤할 것이다. 탁 트인 곳은 잠시 시원함을 줄 수는 있지만 오래 머물면 기운이 새어 나가게 된다. 반면 방에 있으면 사방이 막혀 기운이 보호될 것이다.

䷹ 괘상은 쉬는 모습을 보여 주고 또한 점점 기운이 쌓여 간다는 것을 보여 준다. 이에 대해 공자는 자상하게 요점을 알려 주었다. 군자이 향회입연식(君子以 嚮晦入宴息). 군자는 택뢰수의 괘상을 보고 어둠으로 향할 때 들어가 잔치하며 쉰다는 문장인데 여기서 어둠으로 향할 때는 그저 단순히 어두워지고 있을 때이다. 해가 지고 있다는 뜻이다. 이때는 집에 들어가 쉰다는 의미이다. 집에 들어가 크게 잘 차려 먹든 아니든 그것은 상관없다. 집에서 쉬라는 뜻일 뿐이다.

해가 지면 보금자리로 찾아 들어가 쉬는 것은 지상의 모든 동물들의 속성이다. 다만 인간계의 경우 밤에 일하는 사람도 있는바 밝고 어둠이 중요한 것은 아니다. 일하고 나면 쉰다는 것이 요점이다. 여기서 쉰다는 것은 평범한 내용인 것 같지만 실은 내면에 깊은 뜻이 있다. 쉰다는 것은 단순히 육체 에너지를 충전하기 위함이 아니다. 마음도 쉰다는 뜻이다. 이는 특히 중요한데 마음을 쉬면 여유가 생겨서 집착에서 벗어날 수 있다.

도인은 이른바 생각을 쉰다는 말이 있는데 이는 마음의 공백을 잊지 않는다는 뜻이다. 쉰다는 것은 참으로 중요한 개념이다.

그저 휴가를 의미하는 것이 아니라 몸의 일과 함께 마음을 내려놓는 것이 중요하다. 인간은 누구나 종종 쉬어야 하며 그 때는 일을 끝내고 나서이다. 공자는 그 점을 염두에 두고 가르친 것이다.

18

백성을 진작시켜 일하게 하고
의욕을 고취시켜라

산풍고
山風蠱

이번 괘상도 특수 괘에 해당된다. 음양을 모두 반대로 하면 ䷐(산풍고) → ䷑(택뢰수)이고 뒤집어도 ䷑→䷐이기 때문이다. 이와 같은 괘상은 두 가지 정형 변화가 하나로 합쳐지기 때문에 이해하기가 쉽다. 이런 점을 염두에 두고 차분히 풀어 나가도록 하자. 우선 위에 있는 괘상부터 의미를 따져 보자. ☶(산)은 대표적 사물로 산이 있고 벽이라든가 쌓여 있는 물건, 튼튼한 물건, 신용, 안정 등을 의미한다. 정지라든가 고집, 인내심 등도 다 같은 뜻이다.

☶을 산으로만 알게 되면 주역은 공부할 수가 없다. 앞에서 누차 얘기했지만 ☶은 산이 아니라 산 같은 것이라는 뜻이다. 주역은 이런 방식으로 되어 있기 때문에 비슷한 사물끼리 모아서 한 가지

괘상으로 표현할 수 있고 무한히 많은 사물을 분류하고 그 뜻을 결정할 수가 있다.

☴(풍)에 대해 살펴보자. 우선 이 괘상의 모양을 보면 양 2개가 위에 있다. 이는 통제받지 않는다는 뜻이다. 양이란 위로 향하는 성질이 있는바 ☴은 양이 방해를 받지 않고 위로 자유롭게 날아갈 수 있다. 위라는 것은 바깥이라는 뜻이 있는데 ☴은 양이 위 또는 밖으로 해방되어 있는 모습이다. 반면 ☱(택)은 양이 음 아래에 갇혀 있으며 연못이 바로 그러하다. ☴은 양이 쏟아진 모습으로 양이 자유롭게 움직일 수 있다. 이것은 바람 같은 것으로 파고들고 밀어내고 확산한다는 뜻이 있다.

☶은 덩어리, 짐, 방해의 뜻이 있으며, ䷑는 바람 같은 것이 산 같은 것을 밀어내고 있음을 보여 준다. 밀어내거나 쓸어 내거나 파내거나 치우거나 다 같은 뜻이다. 벌레가 나무를 갉아 먹거나 눈을 쓸거나 쌓여 있는 물건을 조금씩 치워 나가는 것 등이 모두 ䷑에 해당된다. 밀린 숙제를 하고 있는 것도 같은 뜻이고 일꾼이 작업하고 있는 것, 도둑이 몰래 물건을 훔쳐 가는 것, 속으로 딴마음을 품고 있는 것, 앞차가 가지 않아 기다리고 있는 것, 해야 할 일감이 많아 한숨 쉬고 있는 것 등도 모두 같은 뜻이다.

삽으로 눈을 퍼내는 행위는 ☳(뢰)에 해당되지만 쌓인 눈을 조금씩 치워 나가는 것은 방법이 무엇이든 간에 ䷑에 해당되는데, 이 뜻을 잘 살피면 주역의 진수에 한 걸음 더 깊이 다가설 수 있다.

입시생이 밀린 공부를 해 나가는 것도 ䷜에 해당되는바 ☵은 공부해야 할 내용이고 ☶은 노력하고 있는 모습이다. 길이 막혀 돌파구를 찾거나 때를 기다리는 것 등도 같은 모습이고 같은 뜻이다. 벽에 구멍이 나거나 산사태의 조짐, 피부가 헐어 있는 것, 물이 새고 있는 것 등 ䷜에 해당되는 사물은 무수히 많다.

주역 공부는 사물을 보고 괘상을 알아낸다는 것과 괘상을 보고 사물을 찾아내는 것 두 가지 공부로 요약될 수 있다. 지금 ䷜괘상을 보면서 많은 사물을 상정할 수 있어야 한다. 모든 괘상에 대해 이런 일이 가능하다면 세상의 이치가 한눈에 들어오게 된다. 이것이 주역을 공부하는 목적이다.

다시 ䷜로 돌아와서 보면 이는 조금씩 처리해서 산 같은 것도 치워 버린다는 뜻이 함축되어 있다. 공자는 이에 대해 가르쳤다. 군자이 진민육덕(君子以 振民育德). 백성을 진작시켜 일하게 하되 의욕을 고취시키고 인격을 기른다. 예전에는 정치인을 군자로 칭했고 후에 공부를 제대로 하는 사람을 군자로 지칭하기도 하였다. 여기서 일이란 삶에 필수적인 것으로 백성이 힘을 쏟아 마땅한 것이다. 그리고 일하고 나서 여력이 있으면 인격을 쌓아야 하는 것이다.

덕을 쌓는 일은 군자의 삶의 목표이다. 이는 또한 가장 중요한 일이 아닐 수 없다. 보통 일감이란 원래 무한히 많은 것이고 덕을 쌓는 일도 무한히 계속되어야 한다. 이는 앞에 쌓여 있는 거대한 짐을 치우는 것에 비유된다. ䷸괘상은 바람이 산을 밀어내고 있는 모습이다. 할 일이 산더미처럼 많다는 뜻으로 해석하면 된다. 또한 이 괘상은 사상누각沙上樓閣이란 뜻도 있는바 근본이 무너지지 않도록 경계해야 한다는 것도 경고하고 있는 것이다.

19

연못이 물을 품듯
백성을 돌보라

지택림
地澤臨

주역의 괘상을 공부하는 방법은 크게 나눠 세 가지가 있다. 첫째는 괘상을 보고 해당되는 사물을 찾는 것이고, 둘째는 사물을 보고 그에 맞는 괘상을 찾는 것이다. 셋째는 괘상끼리 비교하여 뜻을 더욱 분명히 하는 것이다. ☷(지택림) 괘상은 무엇을 나타내는가? 이 괘상은 두 가지 뜻이 있다. 하나는 땅이 연못 위에 있다는 것이니 높은 지역의 땅을 말한다. 다른 하나는 연못이 땅 아래 있으니 이는 깊은 연못을 뜻한다. 바다나 깊은 심연 등이 그것이다.

여기서 높은 지역의 땅은 무엇을 말하는 것일까? 바다로부터 멀리 떨어진 내륙을 말하지만 형이상학적으로 해당되는 사물은 지체 높은 신분을 뜻하고 또는 위태로운 곳에 있는 지역을 말한다. 연못 위라는 것은 절벽 위라는 뜻이다. 연못은 절벽을 뜻하기도 하는바 그 위에 있으면 당연히 위태로울 것이다. 그렇다면 같은 괘상에서 유추한 사물인 지체 높음과 위태로운 지역은 같은 뜻이 되어야 하지 않겠는가! 맞는 말이다. 직위란 높은 곳일수록 위태로운 것이니 높은 직위에 있는 장관이나 대통령 등은 잠시도 편할 날이 없다. 스포츠 경기에서도 챔피언은 영광스럽고 높은 위치에 있으나 항상 도전을 받고 있으니 이 또한 위태롭다고 하지 않을 수 없다.

괘상으로부터 사물을 유추할 경우 이론상 무한히 많은 사물이 등장할 수 있다. 주역은 만물의 뜻을 규명하는 방법으로서 같은 유형을 우선적으로 묶어서 해석한다. 무한히 많은 사물을 유한한 괘상, 즉 64개의 유형으로 분류하는 것이다. 주역의 이러한 분류법을 통해 우리는 만물의 구성과 작용을 이해할 수 있게 된다.

이번에는 사물이 먼저 정해졌을 때 괘상을 찾는 예를 들어 보자. 어떤 사람이 외국으로 이민을 갔다고 하자. 처음에는 낯설고 불안하고 사는 요령도 미숙하다. 그러던 것이 세월이 지나면서 차츰 적응력이 높아지고 안정을 되찾게 된다. 이것을 정착이라고 하는데 괘상으로 표현하면 ䷗이 된다. 하나의 예를 더 들어 보자. 중학교 1년생으로 입학한 아이는 학교생활이 생소하기만 하다. 초등학교와는 많은 것이 다르기 때문이다. 하지만 1학년을 마칠 때쯤이면 학교생활이 익숙해지고 평상적인 생활이 가능하다. 이것도 정착이라고 하는바 괘상으로 표현하면 ䷒이 된다.

어떤 사물이든 하나의 괘상으로 귀결한다는 것이 요점이다. 사물을 괘상으로 변역하게 되면 그 사물에 들어 있는 구조와 적용, 즉 뜻을 알 수 있게 된다. 이로써 사물이 파악되는 것이다. 이런 일을 무수히 많은 사물로 확대할 수 있다면 세상은 아주 단순해지고 만물의 이치에 통달할 수 있게 된다. 그토록 많은 사물이 있어도 결국은 하나의 괘상으로 귀결시킬 수 있다는 것이 주역의 위력이다.

이번에는 괘상끼리 비교해 보자. ䷒의 반대는 ䷠(천산돈)이다. ䷠은 하늘 아래에서 자신을 감추고 있는 모습이다. 본시 하늘 아래서는 모든 것이 드러나게 되어 있는데 ䷠은 감추고 있는 것이다. 반면 ䷒은 숨어야 할 곳, 즉 땅속에서도 당당히 모습을 드러내고 있다. 그래서 괘상의 이름이 임臨이 된 것이다. ☱(택)은 드러난 것이고 ☶(산)은 감춰져 있다는 것을 상기해 보라. 연못은 뚜껑이 없다. 산은 그 자체가 이미 뚜껑이다.

이제 두 괘상을 비교함으로써 각각의 괘상의 뜻이 더욱 분명해질 수 있게 된 것이다. ䷒ 괘상은 깊은 연못처럼 깊게 뿌리를 내렸다는 뜻일 뿐이다. 괘상 자체의 뜻은 그리 어렵지 않다. 다만 그 괘상을 이해하고 공부하여 삶을 더욱 빛나게 하는 것이 어려울 뿐이다.

공자의 가르침을 음미하자. 군자이 교사무궁 용보민무강(君子

以 敎思无窮 容保民无疆). 이는 땅 아래 있는 연못처럼 백성을 깊게 가르치라는 뜻이고 또한 땅 아래 연못이 많은 물을 함유하듯이 백성을 돌보라는 뜻이다. 이해를 돕기 위해《논어》에 나오는 대목을 확인하자. 공자 자신은 배우기를 좋아하고 가르치기를 게을리하지 않는다고 피력한 바 있는데, 가르침을 무궁하게 한다는 것을 주역의 괘상을 설명하면서 다시 이야기하고 있다.

백성을 보호하고 포용하는 것에 대해서는 이런 내용이 전해진다. 어느 날 제자가 물었다. "사람이 보이면 무엇을 해야 합니까?" 공자가 답했다. "그들을 배불리 먹여야 할 것이다." 제자가 다시 물었다. "그다음엔 무엇을 해야 하나요?" 공자가 답했다. "가르쳐야 한다." ䷒ 괘상에서 공자는 백성을 먹여 살리고 또한 가르쳐야 한다는 것을 무궁无窮, 무강无疆이라는 단어까지 써 가며 강조했다.

요점은 백성을 심연처럼 보호하라는 것이다. 이는 백성뿐만 아니라 군자가 공부하는 데에도 지침으로 삼을 수 있다. 심연처럼 깊은 사람이 되라고.

바람은 사물을
새롭게 한다

풍지관
風地觀

땅 위로 바람이 분다는 것이 이번 괘상이다. 단순한 자연현상인데 무슨 뜻이 있을까? 주역은 세상의 모든 현상과 작용의 뜻을 규명하는 학문인바 바람 부는 것에도 충분히 뜻이 있는 것이다. 우선 바람이 대지 위를 훑고 지나가는 것과 비슷한(뜻이 같은) 작용을 생각해 보자. 유행이란 것이 있는데 이것도 하나의 바람으로서 사회를 휩쓸고 지나간다. 고속도로의 기다란 자동차 행렬도 땅 위를 스쳐 흘러가기는 마찬가지이다. 인생행로에서 수많은 풍파를 겪으며 시간 여행을 하는 것도 같은 뜻이다.

흘러가는 것, 휩쓸고 지나가는 것, 이곳저곳을 다녀가는 것 등 무수히 많은 같은 사물을 생각할 수 있다. 60여 년 전 내가 어렸던 시절에는 나그네라는 것이 있었는데 나그네란 정처 없이 세상을 떠돌아다니는 사람을 일컫는 말이었다. 이들은 바람처럼 세상을 돌아다니는 것이다. 그들은 왜 그토록 돌아다니는 것일까? 어쩌면 세상 어느 것도 그들에게 맞지 않아서 방황하는 것일 수도 있고, 그저 그들의 마음이 바람을 닮았거나 운명이 그럴 수도 있을 것이다.

바람은 한 곳에 머물지 않는다. 어느 한 곳에 머물고 있는 사물은 바람이라 할 수 없다. 바람은 빠르고 느릴 수는 있으나 멈추지는 않는다. 주역은 이러한 바람에서조차 깊은 뜻을 추출해 낸다. 주역에서는 바람이 불어 가는 것을 관觀이라고 이름 붙였는데, 바람은 여러 곳을 보고 다니기 때문에 그렇게 이름을 붙인 것이다. 바람이 세상을 보면서 다닐까! 비유일 뿐이다. 바람과 같은 존재인 나그네는 세상을 관찰하면서 다닐 것이다.

먼 옛날에는 나그네로부터 다른 지방의 소식을 들었다. 요즘처럼 신문, TV 등이 없으니 나그네의 관찰과 전달은 중요한 수단이었을 것이다. 바람은 소통시키고 새롭게 하며 잠자는 마음도 일으켜 세운다. 나는 어려서 바람을 맞으면 묘한 감동이 일어났는데 당시엔 그 뜻을 몰랐었다. 그 후 세월이 지나 주역을 공부하고 나선 바람이 먼 곳에서 와서 나를 일깨우고 자연의 섭리를 전달해 준다는 것을 깨닫게 되었다.

주역에서 바람은 하늘의 사자로 이해되고 있다. 바람의 모양을 보자. ☴(풍) 괘상은 양이 위에 있어서 아래와 접하고 있는 모습이다. 양이 음 속으로 침투하려는 것을 뜻한다. 물론 아직은 침투되지 않았지만 그러한 노력이 이루어지고 있는 모습이다. 반면 ☱(택)은 양이 음 아래에 갇혀 있어서 운행이 정지된 상태를 보여준다. ☴은 ☱과 비교됨으로써 그 뜻이 더욱 선명해지고 있는 것이다. ☴이 ☷(지) 위에 있다는 것은 아래를 살피고 있는 상태로서 이 곳저곳을 돌아다닌다는 뜻이다.

단순히 여행을 뜻하는 것이 아니라 무작정 돌아다녀 본다는 의미가 있다. 바람이 세상을 돌아다니면서 살피고 살펴 양의 기운을 공급하고 있는 것이다. 공자는 이에 대해 간단히 요점을 설명하고 있다. 선왕이 성방관민설교(先王以 省方觀民設敎). 옛 왕(군자)은 이 괘상을 보고 널리 지방을 순찰하면서 백성을 살피고 가르침을 전파했다. 옛날에 정부(왕)가 하는 일은 백성을 보살피고 가르치는 것이었다. 이는 바람이 사물을 새롭게 한다는 것을 본받은 것이다.

21

법과 벌을
공정하게 시행하라

화뢰서합
火雷噬嗑

괘상을 다른 방식으로 살펴보자. ䷔(화뢰서합) 괘상을 단순히 그림 형태로 보면 어떨까! 아래의 괘상 ☳(뢰)는 턱의 아랫니처럼 보인다. 그리고 위의 괘상 ☲(화)는 그 위에 올려져 있는 음식으로 볼 수도 있다. 본 괘상의 이름은 씹는다는 뜻에서 서합噬嗑이라고 붙여졌는데 모양과 일치한다. 이런 괘상이 주역 64괘 중 또 하나가 있는데 바로 ䷚(산뢰이)인바 이 괘상은 상하 이빨이 맞물려 있는 것처럼 보인다. 그래서인지 괘상의 이름이 턱을 의미하는 이頤다. 어떻게 보면 황당할 수도 있다. 성스러운 괘상에 모양이 그럴듯하다고 해서 그런 이름을 붙였다는 것인가?

이는 대단히 기묘한데 우연하게도 괘상의 모양이 그 뜻과 완전히 일치되고 있는 것이다. 실제로 ䷔은 음식을 씹어 잘게 부순다는 뜻이 있다. 이 괘는 덩어리를 분해한다는 뜻인데 마침 모양도 그럴듯하게 생겨 있다. 하지만 이는 우연일 뿐이다. 주역의 괘상은 괘상 자체에 뜻이 있는 것이고 그것으로 이름이 붙여진 것이다. 옛 성인은 ䷔ 괘상을 보고 오늘날 말하는 재래시장이란 것을 상정했다.

시장의 기능은 무엇인가? 물건이 모여 있고, 최종적으로는 그것을 여러 곳으로 분해하는 것이다(팔려 나간다). ䷔은 파헤친다는 뜻도 있고 목표에 집중한다는 뜻도 있으며 그 외에 밝은 곳에서 열심히 움직이고 있다는 뜻도 있다. ☲는 밝음이고 ☳는 움직임이기 때문이다. 장터는 대낮에 사람이 모여서 사고팔고 하는 곳이다. 요즘에는 전등이 있지만 예전에는 전등이 없어서 낮에만 사업이 이루어졌다. 밝은 곳은 노출되어 있다는 뜻이다. 장마당에 가 보면 돗자리에 물건이 수북이 쌓여 있는 것을 볼 수 있다. 이는 ☷를 뜻하는데, ☷는 덩어리를 의미하며 ☷의 반대인 ☵(수)는 잘게 부수어진 것을 뜻한다.

다시 말해 시장이란 공개적으로(밝게) 물건이 분해(팔려 나감)되는 곳인 것이다. 밝은 곳, 공개적인 곳, 이것은 인간이 사는 사회와 닮아 있다. 특히 법은 밝은 곳에서 공개적으로 시행되는바 공자는 이에 주목했다. 선왕이 명벌칙법(先王以 明罰勅法). 이는 벌을 명백하게 하고 법을 왕명으로 정했다는 뜻인바 벌이나 법은 공개적이고 밝게(공정하게) 이루어져야 한다는 것이다.

䷆ 괘상은 적중을 의미하는데, 밝게 하면 적중하지 않겠는가! 법은 은밀하게 이루어지는 것이 아니라 만민에게 평등하게 투명하게 시행되어야만 목표(질서)에 도달할 수 있는 것이다. 장터에서 물건을 사고파는 것도 마찬가지이다. 공명정대해야 하는바 모든 것이 ☷ 아래에서 움직여야(☳) 하는 것이다. 원전 외에 괘상의 의미를 조금 더 살펴보자. 파고들어 핵심에 도달한다는 것이 ䷜인데 ☵는 핵심, 목표 등의 뜻이 있고 ☵는 열심히 파고드는 것이다.

사물에 있어 ䷜은 요점이 분명한 논리적 귀결을 의미한다. 반면 ䷂(수뢰준)은 열심히 움직이지만 혼란 속에 갇혀 있다는 뜻이다. ☳와 ☵의 차이에 의해 그와 같은 해석이 성립되는 것이다. ䷜과 정반대인 ䷛(수풍정)은 요점 없이 길게 늘어지는 것을 의미한다. 주역의 공부는 먼저 괘상과 부합하는 사물을 다양하게 상정하고 그중에서 공자가 예로 든 것을 음미하면 된다.

22

보호함으로써
아름답게 하라

산화비
山火賁

자연의 진리를 규명함에 있어 심하게 권위에 의존할 필요는 없다. 진리의 발견은 합리적이기만 하면 누구나 가능한 일이다. 예를 들면 아인슈타인이 상대성원리를 발견한 것이 그러하다. 상대성원리가 발표될 당시 이는 뉴턴의 권위에 심하게 도전하는 일이었다. 막강한 권위를 가진 뉴턴에게 도전한 것은 아인슈타인의 철두철미한 논리 정신이었다.

주역의 원리를 규명하는 것도 마찬가지이다. 수천 년 동안 수많은 학자들의 의견이 있었지만 그것을 쉽게 받아들여서는 안 된다. 철저한 검증이 필요한 것이다. 검증이란 다름 아닌 과학적, 논리적, 양심적 행위를 말한다. 권위에 맹종하는 것은 대단히 위험하다. 실상 과학의 역사는 개선의 역사였다. 주역의 이론은 더욱더 그래야 한다. 무엇보다도 과학적이어야 하는 것이다. 그리고 침착해야 한다. 그렇지 않으면 자동적으로 기존의 이론을 답습하게 될 뿐이다. 누가 알겠는가? 수천 년 상식에 오류가 있을지.

뉴턴의 학설은 200년 이상 유지되어 왔고 아인슈타인이 그것을 개선했다. 그 후 아인슈타인의 생각도 꾸준히 개선되어 왔다. 이런 맥락에서 주역을 보면 그동안의 이론은 괘상 그 자체를 외면하고 옛사람의 글만 죽도록 연구했을 뿐이다. 이래서는 주역의 진리는 영원히 규명될 수 없다. 지금 ䷷(산화비) 괘에 도전함에 있어서도 과학적 사고방식이 중요하다.

요점은 주역은 괘상에서 시작된다는 것이다. 괘상을 배제하면 그것은 이미 주역이 아니다. 차분히 ䷷ 괘상을 살펴보자. ䷷ 괘상은 위에 산이 있다. 이것의 뜻부터 생각해야 한다. 물론 아래의 불을 먼저 생각해도 된다. 나중에 합쳐지기만 하면 된다. ☶(산)은 무엇인가? 자연계의 사물로는 산이 있다. 엄밀히 말하자면 산 같은 것이라고 해야 한다.

쉬운 예로 뚜껑이 있다. 솥을 덮는 뚜껑! 덮는 이불도 같은 뜻이 있다. 산이란 비행기에서 보면 툭 튀어 나온 존재이지만 땅에서 보면 산은 나를 덮어 주는 존재이다. 괘상은 위에서 볼 때와 아래에서 볼 때의 뜻이 좀 다르다. 이 문제는 후에 다루겠지만 지금은 산 아래(☲가 있는 쪽)에서 위를 보는 뜻을 생각하자는 것이다. 따뜻한 방에 이불을 덮어 놓는 것은 열을 보호하고자 함인데 이 역할이 바로 ☶이다.

아래에 있는 ☲(화)를 보자. ☲에는 아름다운 것, 밝은 것, 희귀한 것, 합리적인 것 등의 뜻이 있는데, 어린아이에게 이불을 덮어 놓은 것을 보면 바로 ☲와 같은 뜻이 된다. 보석을 함 속에 담아 놓은 것도 뜻이 같고 겨울에 두툼한 코트로 몸을 보호하는 형상도 마찬가지이다. 꽃게를 보면 두툼하게 살이 쪄 있는 것이 있는데 이것은 단단한 껍질이 속에 살을 감추고 있는 것으로서 ☲에 해당된다. 균형이 잘 잡혀 있는 몸매도 마찬가지고 겉으로 묵직한 사람이 속으로 지성을 갖추고 있는 것도 모두 같은 의미이다.

공자의 얘기를 해 보자. 어느 날 공자가 시를 읽었는데 내용이 이랬다. '채옷을 입고 홑옷을 걸쳐 입었구나.' 이 시를 보고 공자는 극찬하면서 군자의 모습이라고 말했다. 무슨 뜻일까? 채옷은 아름다운 것으로 장점에 해당된다. 그것을 겉옷으로 감춘 것은 군자가 자기 자랑에 빠지지 않고 슬쩍 장점을 감춘 것이다. 이것이 바로 ☲의 모습이다. 축구에서 비장의 무기를 감춘 것도 이것이고, 잘 자라고 있는 자식을 잘 보호하는 것도 같은 뜻이다.

요점은 이렇다. 귀하고 소중한 ☲를 갖추고 그것을 감추어 더욱더 기른다는 것이다. 여기서 공자의 가르침을 보자. 상왈 산하유화비 군자이 명서정 무감절옥(象曰 山下有火賁 君子以 明庶政 无敢折獄). 군자는 정치를 밝게 하고 감옥을 함부로 하지 않는다. 감옥이란 무엇을 하는 곳인가? 바로 죄인을 가두는 곳으로 아름답지 않은 곳이다. 그곳에 갇혀 있는 사람이 ☷(귀한 사람)가 아니라는 뜻이다. 하지만 공자는 이들조차 아름답게 보호하라는 취지로 가르침을 내렸다. 세상에 아무리 악한 사람이라도 보호할 가치가 있는 법이다. 악인도 그의 착한 면을 보면서 옥사獄事는 적당히 해야 한다.

성인의 마음에는 모든 사람이 자식 같을 것이다. 군자는 이를 본받아 아름다움을 애써 발견하고 그를 보호해 줘야 한다. 보호를 받으면 만물은 곱게 성장하는 법이다. 아름다움을 보호하는 것을 넘어서, 보호함으로써 세상을 아름답게 한다는 뜻이다. 옛사람은 인간의 시신을 함부로 버리지 않고 곱게 덮어서 무덤을 만들었다. 이른바 봉분인바 이는 ䷗의 전형이다.

23

땅 위에 산이 있고
정부는 백성을 바탕으로 한다

산지박
山地剝

정신분석학자 카를 융은 일찍이 문화, 역사, 예술 등 인류의 모든 행동에 상징이 깃들어 있다는 것을 발견했다. 상징이란 내재된 뜻으로 행동의 동기와 작용이 그 안에 있다. 그런데 상징의 작용은 인간의 마음뿐 아니라 자연의 모든 사물에도 깃들어 있는바 이것이 바로 만물의 뜻이고 또한 주역의 연구 목표이다. 이 장에서 다룰 괘상은 땅 위에 산이 있는 것으로 자연계에 존재하는 사물들 중 하나이다. 사물은 그저 사물이지만 우리는 여기에 내재된 상징을 발굴하고 이것이 다른 현상과 어떻게 연결되는지 찾아야 한다. 즉 만물의 뜻을 찾는 것이다.

산이 땅 위에 있는 것은 당연하지만 중요한 것은 그 상징에서 무엇을 알 수가 있는가 하는 점이다. 상징을 찾는 방법은 앞서 이미 공부를 좀 한 바가 있다. 이에 따르면 무엇이 땅 위의 산과 닮아 있는지 살펴봐야 한다. 어떤 것이 있을까? 우선 인류의 거대한 문화 산물인 피라미드가 있다. 피라미드는 산처럼 땅 위에 세워진 거대한 사물이다. 이것의 뜻은 무엇이며 당시 인류는 무엇 때문에 피라미드를 만들었던 것일까?

이는 땅 위에 산이 있는 것의 의미를 알면 그로부터 알 수 있게 된다. 어떻게 만들었으며 재료가 무엇인지는 나중 문제이다. 피라미드를 세운 뜻 자체가 중요하다. 피라미드의 용도는 무덤인가 본데 실은 그보다 중요한 뜻이 먼저 있었다. 그것이 바로 땅 위에 산이 있다는 뜻이며 무덤은 그것의 사용일 뿐이다. 옛 성인은 땅 위의 산에 박剝이라는 이름을 붙여 놓았는데 이 뜻에 부합되는 또 다른 사물로 무엇이 있을까?

인간 사회를 유지하고 있는 정부는 어떤가? 또 국회는 어떻고 법원은 어떤가? 이들은 모두 인간을 지켜 주는 산과 같은 존재이다. 가정에 아버지가 있는 것과 비슷하고 군대에 사령부가 있는 것과 닮아 있다. 저 우주에 신이 있다면 이 또한 우주라는 거대한 세계에 우뚝 솟아 있는 중심적 사물이 아닐 수 없다. 신처럼 위대한 존재는 아니더라도 기둥처럼 우리에게 안정을 주는 요소는 아주 많다.

스포츠에 있어서도 스타플레이어가 있으면 구경하는 재미가 배가된다. 국가의 침체기에는 영웅의 존재가 기둥 역할을 한다. 어린아이에게는 아버지가 필요한데 이는 돈을 벌어다 주는 역할보다 존재 그 자체가 안정감을 주기 때문이다. 그래서 이런 말이 있다. 돈 못 버는 남편과 쥐 못 잡는 고양이라도 있어야 한다고. 여기서는 이들의 역할보다 존재의 상징성이 우선이다. 우리의 조상들이 마을 어귀에 큰 돌을 가져다 놓은 것은 돌(거대함)에서 얻는 안정감 때문이고, 경제 사회에서는 은행이 생존에 버팀목 노릇을 해 준다.

우리 주변의 사물은 단순해 보여도 깊은 상징이 함유되어 있고 인류는 그 영향을 받으며 삶을 유지하고 있다. 큰 산이 좋고, 큰 돌이 좋고, 큰 물건이 좋다. 미국인들은 그런 경향이 아주 많다고 한다. 어쨌든 거대함이 땅 위에 우뚝 서 있으면 그것이 무엇이든 위대한 것이 된다. 공자는 이에 대해 가르침을 남겨 주었다.

산부어지박 상이후하안택(山附於地剝 上以厚下安宅). 공자가 말하기를 산이 땅에 붙어 있는 것이 박剝이니 상上은 이에 대해 아래를 후하게 하고 집을 편안하게 하였다. 여기서 상上이란 군자를 지칭하고 이는 왕 또는 높은 위정자로서, 스스로 높다는 것을 뽐내지 않고 아래의 백성을 편안하게 하고 후하게 한다고 하였다. 즉 산은 땅 위에 있고 정부는 백성을 바탕으로 한다는 것을 가르친 것이다.

24

잘될 때
더욱 조심하라

지뢰복
地雷復

사물의 근간을 이해하는 데는 주역이 절대적으로 필요하다. 그래서 우리는 애써 주역을 공부하는 것이지만, 문제는 주역을 이해하기가 그리 쉽지 않다는 것이다. 무한한 사물을 이해하는 데 유한한 괘상을 사용하는 것이 주역의 유용성이다. 이러한 유용성을 갖춘 학문은 우주 전체를 통틀어 결단코 다시 없다. 주역은 땅과 하늘 그리고 인간에 이르는 모든 원리를 섭렵하고 있다. 주역은 처음엔 다소 어렵지만 공부를 하면 할수록 쉬워지고 주역을 이해하는 넓은 길 또한 존재한다.

그중 하나가 괘상끼리 비교하여 이해하는 방법이다. 비교란 사물을 이해하는 데 절대적인 수단이고 이는 주역에서도 마찬가지이다. 주역은 원래 만물을 분류하는 데서 시작하는바 분류란 바로 비교해서 차이를 이해한다는 뜻이다. 이번 장에서 다룰 괘상은 ䷗(지뢰복)인데 여기에 비교의 방법을 사용해 보자.

여기 괘상들이 나열되어 있다. ䷗, ䷒(지택림), ䷊(지천태), ䷡(뇌천대장), ䷪(택천쾌), ䷀(건위천). 이 그림들에서 무엇을 느낄 수 있는가? 양이 하나씩 쌓여 가는 것을 알 수 있다. ䷗은 양이 처음으로 깃들어 있는 괘상이다. 이러한 상황은 비교(나열)를 통해 자명해진다. 막연히 ䷗을 이해하려 하기보다 괘상들을 적절히 비교함으로써 자신의 위치를 명료하게 볼 수 있다. ䷗은 다름 아닌 양이 처음으로 들어와 깃들어 있는 것을 의미한다. 추운 겨울 온돌방에 불을 지피면 방에 온기를 느낄 수 있다. 처음에는 아주 따뜻하지는 않지만 더워지는 징후를 느낄 수 있다. 이것이 ䷗인바 이 괘상은 사물에 양 하나가 깊숙이 도래한 것을 보여 준다. 절망 속에 자그마한 희망 하나가 도래한 것이다.

이로써 우리는 미래를 예측할 수 있고 안도감을 느낄 수 있다. 물론 ䷗이 반드시 ䷀으로 변화한다는 것은 아니다. 단지 현재의 상황에서 미래로 어떻게 변할지 가능성을 예측하기 쉽다는 것뿐이다. 만약 현재의 상황이 ䷯(수풍정) 같은 상황이라면 미래를 짐작하기 난해할 것이다. 괘상 ䷗은 현재 상황을 분명히 보여 주고 있다. 방바닥에 온기가 있으면 점점 따뜻해지지 않을까?

䷗ 괘상은 동짓날을 상징하기도 하는데 이로써 차차 봄이 도래

할 것을 알 수 있다. 여기서 생각나는 게 있다. 50여 년 전 내가 처음 주역 공부를 하던 시절로 당시 ䷗ 괘는 쉽게 이해가 되었다. 깊은 아래의 진동, 이것을 희망의 도래, 봄의 징조, 병세의 호전, 자그마한 활동이 태동하는 것 등으로 이해했던 것이다. 어려운 내용은 아니었다. 다만 이에 대한 공자의 가르침이 무척 궁금했다. 나름 생각하기에는 기회가 왔으니 힘차게 전진하라는 가르침을 기대했다.

그런데 공자의 가르침은 뜻밖이었다. 아무것도 하지 말고 좀 더 기다리라는 것이었다. 잘되려니 하고 경거망동하지 말고 그 상황이 이어지는지 예의 주시하라는 뜻이다. 조심성, 그리고 경건함이었다. 원전은 이렇게 전한다. 뇌재지중복 선왕이 지일폐관 상려부행 후불성방(雷在地中復 先王以 至日閉關 商旅不行 后不省方). 이 뜻은 동짓날에는 문을 굳게 닫고 외출을 삼가고, 상인도 돌아다니지 못하게 하며, 왕도 지방 시찰을 연기했다는 것이다. 잘될 때 더욱 조심하라는 가르침이다. 매사에 신중하고 성급하게 앞서면 안 된다는 뜻이다. 시작이라 해도 시작이 아닐 수도 있음을 경계한 말인 것이다.

시기에 유연하게 대처하여
만물을 길러라

천뢰무망
天雷无妄

도장은 의사를 결정할 때 찍는 것으로 그 안에 상당한 권위가 내재되어 있다. 옛날에 왕은 옥새라는 특별히 제작된 도장을 사용했는데 이것은 국권을 상징하는 신성한 존재였다. 도장을 찍는 행위가 괘상으로 보면 천뢰무망이 된다. 이 괘상은 하늘의 뜻이 땅에 도달한다는 의미로 하늘의 섭리가 시작되는 과정을 보여 주고 있다. 국가의 거대한 명령, 군대의 중요 명령, 대학의 합격자 발표 등 위에서 내려오는 중요한 내용은 마치 하늘의 큰 위엄을 드러내는 천둥과 같기 때문에 이런 괘상을 선택해서 사용하는 것이다.

옛사람은 하늘에서 내려오는 거대한 벼락 소리를 경건한 마음으로 맞이했던바 세상의 큰 사건은 그만한 울림이 있다는 의미이다. 축구 경기에서 아주 좋은 찬스를 맞이하는 순간이 있는데 이 것도 괘상으로는 ☳에 해당된다. 하늘이 준 기회라는 뜻이다. 물론 뜻밖의 재앙도 같은 괘상으로 표현되는바 갑자기 뜻하지 않게 일 어나는 사건은 모두 ☳이다. 또한 하늘에서 내리치는 벼락처럼 커 다란 일이 발생하면 그것도 마찬가지인데, 이는 큰 사건에는 하늘 이 개입되어 있다는 의미이다. 한마디로 대단한 일 같은 것으로, 복권에 당첨되거나 갑작스런 진급, 높은 곳에서 온 능력 등이 같은 뜻을 갖는다.

항간에는 이런 소문이 있다. 벼락 맞은 나무는 재수가 좋다는 것인데 나도 벼락 맞은 나무로 만든 도장을 갖고 있다. 물론 그 나 무가 진짜로 벼락을 맞았는지는 나로선 알 수가 없다. 그저 장사꾼 이 그렇다 하니 재미로 산 것뿐이다. 대박이라는 말도 뜻하지 않은 행운을 뜻하거나 큰 사건을 의미한다. 어렵게 만들어진 결과도 마 찬가지인데 이때는 하늘이 도왔다고 생각하기도 한다. 세상에는 바람처럼 그저 지나가는 일이 있는가 하면 벼락처럼 심각한 일도 있는 것이다.

☳의 구조를 보면 맨 아래에 있는 양 하나가 하늘로부터 내려 온 모습을 보이는데, 중요한 사건은 하늘의 뜻으로 볼 수 있다는 것이다. 때가 도래한 것도 하늘이 관여했다고 여기는 생각이 이 괘 상에 반영되어 있다. 또한 이는 큰 힘으로 이루어지는 사건에서도 마찬가지이다. 평이한 세월을 보내다가 갑자기 일감이 쏟아지면

이것도 ䷗으로 해석되는데, 좋은 일이든 나쁜 일이든 큰 변화를 기대하면서 사는 것이 우리의 인생이다. 세상이 매일 똑같다면 얼마나 재미없을까!

䷗으로 표현되는 상황은 극적인 변화를 뜻하는바 이때는 경건한 마음으로 상황에 대처해야 할 것이다. 우주 대자연의 작용은 언제 무슨 일이 일어날지 알 수 없기 때문이다. 평소 경건한 마음을 가지고 살아간다면 이는 기회가 도래할 순간을 미리 대비하며 산다는 뜻이 된다. 여기서 공자의 가르침을 보자. 천하뇌행물여 무망(天下雷行物與 无妄). 하늘의 기운이 만물에 깃드는바 선왕은 이를 본받아 시기에 유연하게 대처하여 만물을 기른다.

세상사가 그렇다. 때가 있는 법이고 이는 하늘이 내려 주는 섭리인 것이다. 하늘의 운행은 적지 적소에 광범위하게 작용하는 법이다. 인간은 잘 살펴 행동해야 한다.

26

산의 높음을 감상할 것이 아니라
산처럼 되어라

산천대축
山天大畜

하늘을 뚫고 올라간 산이라는 의미로 이는 높고 장엄한 산을 일컫는다. 산 자체가 거대함을 뜻하는데 이에 대해 하늘마저 뚫고 올라갔다고 표현하는 것은 아주 큰 산을 뜻하는 것이다. 남산이나 인왕산 정도로는 하늘을 뚫고 올라갔다고 표현하지 않는다. 백두산이나 설악산쯤 되면 하늘을 뚫었다고 말하지 않을까!

도심에 있는 건물도 마찬가지이다. 층수가 아주 높을 때는 하늘을 뚫고 올라갔다고 표현한다. 다른 표현으로 하늘 위의 산이라고 할 수 있는데 이는 히말라야처럼 더욱 거대한 산을 일컫는다. 그래서 어쨌다는 것일까? 앞서 우리는 대지에 솟아 있는 산을 공부한 바 있는데, 높든 낮든 간에 땅바닥에서 보면 모두가 육중하다. 다만 하늘을 뚫고 올라갔다는 것은 쉽게 그 높이를 가늠할 수 없을 때 말하는 것이다.

높고 큰 것은 산뿐이 아니다. 위대한 영웅을 일컬을 때도 같은 표현을 사용할 수 있다. 요점은 크고 높고 육중하다는 건데 이것은 단순히 산만을 표현하는 것은 아니다. 이른바 산에 비견될 만한 장엄한 것은 그 무엇이든 간에 하늘을 뚫고 올라간 산, 즉 ䷙(산천대축)이 되는 것이다. 그리고 산을 자세히 살펴보면 알겠지만 산이란 그 안에 거대함을 품고 있는바 거대한 것을 품고 있으면 모두 ☶으로 표현된다.

은행 금고를 본 적이 있는가? 그 안에는 많은 돈이 있고 금고는 굳건한 문으로 닫혀 있다. 가마솥 솥뚜껑을 보자. 묵직하게 출구를 막고 있어서 솥 안에 열기가 가득 차도 뚜껑이 열리지 않는다. 입이 무겁고 비밀을 잘 지키는 사람도 같은 뜻이 있는바 뱃속(마음속)에 있는 비밀을 누설하지 않는 사람을 뜻한다. 별 볼 일 없는 보통 사람에 대해 산을 뚫고 올라갔다고 쓸 수 없는 것은 당연하다. 나폴레옹이나 칭기즈칸 같은 사람은 자그마한 사람이 아니다. 그만한 내용도 갖춘 사람일 것이다. 이처럼 무엇인가 풍부히 갖추고 있고 쉽게 무너지지 않는 것은 ☶으로 말할 수 있는 것이다.

은행의 정기예금도 그런 뜻이 있고 도서관에 있는 많은 책들도 그런 뜻이 있고 인류의 위대한 역사 자체도 하늘을 뚫고 올라간 산이라 할 수 있다. 산이 높아지면 그 안에 품고 있는 땅덩어리도 점점 커지는데, 마찬가지로 공부를 많이 한 사람도 안으로 많이 감추고 있으며 겉으로 가볍게 노출하지 않는다. 옛날에 우리 조상들은 집을 지을 때 대문에 각별히 정성을 들이곤 했다. 이는 그 안에 단단히 품고 있다는 의미를 강조하는 것이고 밖에서 보면 굳게 닫혀 있어서 안을 들여다볼 수 없다는 의미인 것이다.

저축이란 산이라고 표현할 수 있는데 큰 저축은 당연히 하늘을 뚫고 올라간 산이 된다. 산은 축적과 단단함이 그 대표적 성질이다. 사람의 수준 높은 인격이나 학식 등도 마찬가지이다. 우리는 높은 산의 무엇을 느끼고 배워야 할까? 공자는 다음처럼 가르치고 있다. 천재산중대축 군자이 다식전언왕행 이축기덕(天在山中大畜 君子以 多識前言往行 以畜其德). 군자는 전해져 내려오는 말과 지나간 행동을 많이 공부하여 그 덕을 쌓아야 한다.

산은 본시 거대한 흙의 축적이다. 인류의 역사도 많은 사건의 축적이고 사람의 학문과 인격도 오랜 세월 쌓여 온 것이다. 흙이 쌓인 것이 산이듯이, 지나온 행적을 통해 위인의 덕과 영웅의 역사를 배울 수 있다. 높은 산처럼 크게 쌓아 나가라는 가르침이다. 산의 위대함을 보고 그 형성된 과정을 살펴 그런 인물이 되어야 할 것이다. 공자의 가르침은 평범함 속에 예리함이 있다. 산의 높음을 감상만 할 것이 아니라 그처럼 되어 가야 함을 생각하라는 의미이다.

27

나서지 말고 행동하라

산뢰이
山雷頤

사물을 이해하는 데는 근본적으로 두 가지 과정을 겪는다. 첫째는 사물 자체의 구조인바 이는 분석을 통해 이루어진다. 분석을 통해 드러나는 것은 내적인 작용이다. 이는 사물을 이해하는 데 반드시 거쳐야 하는 필수적 조건이다. 세간에서 말하는 지혜란 이것을 의미한다. 그러나 이것만으로는 부족하며 한 가지 사항이 더 필요하다. 이는 종합이라는 단어로 표현되는바 외적인 쓰임새를 뜻한다.

냉장고의 경우 공학자들은 그 작용 원리와 구조를 연구한다. 이것은 냉장고가 음식을 어떻게 차갑게 만드는지 규명하는 과정이다. 그리고 다음 단계로 넘어가는데 이는 흔히 여자들의 몫이다. 김치를 보관하거나 맥주를 시원하게 하거나 음식을 보관하는 등 냉장고의 사용이 그것이다. 사람의 몸은 의사들이 다룰 문제이지만 이 사람이 사회에서 어떤 활동을 하느냐는 또 다른 문제이다. 세상의 모든 사물에는 필요조건과 충분조건이 있는바 이는 분석과 종합으로 이루어지는 것이다.

주역의 괘상을 이해하는 데 있어서도 그 작용의 구조가 우선 중요하다. 그다음으로 중요한 게 이 괘상이 어떻게 쓰이는가 하는 점이다. 산의 경우 이는 흙으로 만들어진 덩어리인데, 산속에 들어가 살거나 그것을 바라보거나 산 위에 오르는 것은 또 다른 문제인 것이다. 이번 장에서 다룰 ䷚(산뢰이) 괘상을 분석해 보자. 우선 하괘(☳)를 보자면 이는 앞에서 다룬 ䷘(천뢰무망) 괘상과 비교하면 편리하다. 여기서 ☳(뢰)는 아래에서 작용하거나 아래로 향하는 것을 표현하고 있다. ䷘ 괘상은 하늘 아래 우레가 치고 그것이 바깥세상(하늘 방향)으로 거리낌 없이 전파되는 것을 보여 준다. 천둥소리가 공중에서 자유롭게 돌아다닌다는 뜻이다. 방송이나 신문 기사들이 공개되어 그 내용(☳)이 세상(☰)으로 확산되는 모양을 보여 주는 것이기도 하다. 어떤 경우든 간에 아래에 있는 ☳는 비슷한 뜻을 함유하고 있다. 다만 이것이 전개될 때 배경이 필요한데, 하늘(☰)도 열려 있는 경우가 있는가 하면 닫혀 있는 경우도 있는 것이다. 여기서 보자. ䷚의 윗부분은 닫는 역할을 하여, 아래의 ☳와 위의 ☶(산)이 합쳐지면 속에서 이루어지는 작업이 밖으로 표출되지 않는다는 의미가 된다. 예를 들어 화가 났을 때 속으로 꾹

참고 있는 모습이다. ䷲은 화를 그대로 표현하는 것인 데 비해 표현하지 않고 뚜껑을 닫아 놓은 것처럼 속으로 삭이는 것이 ䷚ 괘상이다. 보이지 않는 곳에서 작용이 계속 이루어지는 모습인 것이다. 사람의 몸이 계속 자라는 것도 이 같은 모습이다. 몸 안에서 온갖 현상이 일어나지만 겉으로는 평온하다. 몸이 그것을 감추고 있기 때문이다. 스포츠에서의 비공개 훈련도 같은 뜻이다. 속으로 계속 연마하고 있으나 겉으로는 태평한 모습인 것이다.

세상일의 대부분이 이런 식으로 이루어진다. 물건 하나가 생산되려면 그전에 연구 과정을 겪는데 이는 비밀한 가운데 진행되는 것이다. 밀령密令이라는 것도 이런 구조다. 중대한 내용은 겉으로 드러내지 않고 몰래 진행된다. 속에서 움직이고 겉으로 평온한 작업이 다 이런 뜻이 있는 것이다.

우리의 몸은 입속의 작용이 축적된 결과인데 음식을 조금씩 긴 세월을 두고 씹어 넘기면 몸이 되는 것이다. 우리 입속을 보자. 아래턱은 움직이는데 위턱은 고정되어 있다. 이는 아래에서 움직여 위로 쌓여 간다는 뜻이다. ䷚ 괘상에서 위의 ☶은 움직임이 없거나 아주 느린 것을 뜻한다. 그런데 재미있는 얘기가 있다. ䷚ 괘상은 아랫니와 윗니가 합쳐진 모습이다. 아래턱이 움직이는 것을 ☳로 표현하고 위턱이 고정되어 있는 것은 ☶으로 표현했는데 공교롭게도 실제 위아래 턱의 작용과 괘상의 모양이 크게 닮아 있는 것이다. ☳와 ☶이 아래턱과 위턱인바 괘상의 이름 또한 턱이라는 뜻의 이頤로 붙여졌다.

어떤 사람들은 ䷚가 당초 턱 모양을 보고 지은 괘명이라고 하는데 실은 그게 아니다. 모양이 닮은 것은 우연일 뿐이고 실제의 작용은 아래에서 움직여 위로 조금씩 쌓여 간다는 뜻인 것이다. 입 속 턱의 모양과 작용, 괘상의 이름 등이 우연히 일치해 있다. 우리는 그 뜻을 기리면 된다. 괘명 자체는 분명 턱이라는 뜻이지만 이는 모양이 아니라 용用인 것이다. 방 안에 틀어박혀서 묵묵히 공부하는 수험생의 모습이 이렇다. 문을 닫고(☶) 안에서 열심히 책을 읽는다(☳). 괘상의 작용은 이로써 충분히 이해될 수 있는데 여기서 우리는 어떤 점에 유의해야 할까? 사람에 따라, 때와 장소에 따라 ䷚의 응용 범위는 무한하다.

이 중 하나를 취하여 대강 설명해 놓은 것이 주역의 대상大象이다. 공자는 그 내용을 평이하게 가르치고 있다. 산하유뢰이 군자이 신언어 절음식(山下有雷頤 君子以 愼言語 節飮食). 산뢰이 괘를 본받아 군자는 언어를 삼가고 음식을 절제한다. 이는 산 아래에 있는 우레의 신중함을 뜻한다. 나서지 말고 행동하라는 것, 음식을 먹을 때도 마음껏 배부르게 먹으면 안 된다는 뜻이다. 산 아래 우레처럼 은밀하게 행동함으로써 나쁜 운명도 피해 갈 수 있는 법이다. 우레 자체가 속으로 파고든다는 뜻이 있는바 그 자체도 더욱 숨어서 행동해야 한다는 것이다.

28

포부를 크게 가지고
두려워도 나아가라

택풍대과
澤風大過

거품경제라는 말이 있다. 이는 겉으로는 그럴듯하지만 내용이 부실하여 머지않아 현상이 붕괴되는 구조를 말한다. 국가가 많은 돈을 빌려 국민에게 나누어 준다면 일시적으로는 국민이 풍요로워 보인다. 하지만 국가의 채무를 국민이 떠안아야 하므로 그런 호황은 순식간에 파탄을 맞이할 것이다. 과장된 것, 말만 번지르르한 것, 내용이 포장된 것 등은 교묘한 속임수로서 거짓말보다 더 위험한 짓이다. 흔히 낚시꾼들은 과거에 자기가 잡았던 물고기에 대해 크게 말하는 수가 있다. 1미터나 되는 붕어를 잡았다고 하는데 이는 과장이 분명하다. 물론 낚시꾼의 과장은 순간적인 재미로 지어대는 것이지만 어떤 속셈을 가지고 과장한다면 사기 행각이라 할 수 있다. 사기꾼들은 이익을 부풀려 고객을 끌어 모은다. 실상은 지나친 과장으로 포장된 것이다. 이러한 상황을 표현한 것이 바로 ䷛(택풍대과)이다.

이 괘상은 연못이 물 밖으로 나와 나무를 삼킨 모양으로 ☱(택)이 연못이고 나무가 ☴(풍)이다. 하천이 범람하여 주변을 삼키는 상황도 마찬가지이다. 어떤 사람이 자신의 수입보다 지나치게 낭비가 심하면 이 또한 ䷛의 상황으로 머지않아 생활이 무너지고 빚더미에 앉을 것이 뻔하다. 과장이란 의도에 따라 큰 죄악이 될 수 있고 어리석음도 될 수 있다. 남들이 일시적으로 박수를 보내는 것에 착각하여 자신을 거대한 인물로 느끼는 것도 대표적인 ䷛현상이다.

개구리과의 일종인 맹꽁이란 생물은 적을 만났을 때 자기 몸을 크게 부풀린다. 심지어는 그러다 배가 터져 버리기도 하는데 ䷛의 말로를 보여 주는 것이다. 그러나 ䷛에서 본받을 내용이 없는 것은 아니다. 사람이 위기에 처했을 때 실제 상황을 인지하면서도 그것을 덮어 두고 최대한 노력하면서 마치 위기가 별것 아니라는 식으로 대처하다 보면 위기가 정말로 쉽게 극복되는 수도 있다.

전쟁터에 나가서 싸울 때 속으로는 괴로움이 있어도 겉으로는 당당한 모습을 보이는 것도 같은 의미가 있다. 우리의 어머니들이 실생활에서 많은 고통이 있어도 아이들 앞에서는 미소를 보이고 희망을 얘기하는 것도 마찬가지인데 이는 필요하고 착한 과장이다. '그까짓 것 아무것도 아니야'라는 마음가짐이 기적을 일으킬 수도 있는 것이다.

과장의 또 다른 일면을 보자. 사랑하는 사람이나 존경하는 사람에게 선물을 줄 때 이것이 형식적이어서는 안 된다. 실제로 정성이 필요한데 그 때문에 종종 지출이 과도해질 경우가 있다. 이는 돈보다 사랑을 중시하는 마음이니 좋은 마음이 아닐 수 없다. 어떤 사람은 자기 형편에 맞춘다는 의미로 종종 선물을 아주 싼 물건으로 하는데 이는 검소한 것이 아니다. 삶이란 때로 실제 상황을 애써 외면할 필요도 있는 법이다.

사람이 죽었을 때 관이나 수의를 입혀서 태우기도 하는데 여기에 지나치게 돈을 아껴서는 안 된다. 어차피 썩거나 태워질 시신에 돈을 들이는 것은 낭비라고 생각하는 사람은 인격이 없는 사람이다. 공자가 말한 살신성인殺身成仁은 자기 자신이 죽을 만한 고통에 이르는 한이 있어도 사람에 대한 사랑과 존경을 잊지 말라는 것이다. 이는 낭비가 아닐 뿐만 아니라 그런 낭비라면 해도 좋다는 뜻이다.

세상에는 낭비 같으면서도 낭비가 아닌 것이 있다. 제사라든가 장례식, 선물 등이 그렇고 꽃을 장식하는 것도 같은 의미이다. 꽃은 곧 시들어 버릴 텐데 왜 돈을 들여 사느냐고 말하는 사람은 인간 정신이 결여된 자이다. ䷛는 그저 과도함을 보여 주는 괘상이지 검소하라든가 허세를 부리라는 뜻이 아니다. 우리는 주역의 괘상에서 사물의 모습을 보고 그 뜻을 알고 취할 것은 취하고 버릴 것은 버리면 된다.

공자는 이에 대해 가르쳤다. 군자이 독립불구 돈세무민(君子而獨立不懼 遯世無悶). 군자는 ☷를 본받아 홀로 서도 무서워 말고 세상을 떠나 있어도 번민하지 말아야 한다고. ☷는 확산, 팽창, 발전을 뜻하는바 공자는 이것을 덕으로 삼은 것이다. 지나쳐도 좋은 것이 있다면 그것은 인격 향상일 것이다. 공자는 괘상의 뜻 중에서 진취적인 것을 선택해서 가르쳤다.

조심해라, 자제하고 분수를 지켜라 등은 보통 얘기할 수 있지만, 크게 팽창하는 것의 이로움을 가르친 것은 성인의 덕이 무한하다는 것을 뜻한다. 포부를 크게 가지고 두려워도 나아가고 외로운 시절에도 마음의 발전을 유지하는 것이다.

어린아이처럼 열심히 공부하고
그들을 가르쳐라

감위수
坎爲水

먼 옛날 그리스 철학자들은 만물의 시작이 물이라고 생각했다. 이는 탈레스로부터 비롯되었는데 그가 말한 것은 바닷물과 같은 물을 얘기하는 것은 아니었다. 탈레스 정도의 학자라면 물이 있기 전에 땅도 있어야 함을 알 터이니 그가 말한 물은 물 같은 성질로 봐야 할 것이다. 물은 어둠과 혼란을 상징하는바 우주의 초기에는 실제로 혼돈이 세상에 가득했었다. 이를 카오스라고 말하는데 카오스는 종잡을 수 없는 존재였다.

이 시절 세상은 한 치 앞도 내다볼 수 없었던바 질서 자체가 없었다. 그 후 오랜 세월에 걸쳐 차츰 질서를 갖추게 되었고 오늘날의 우주에 이르게 되었다. 주역에서 물은 혼돈, 어둠, 어린아이를 상징한다. 물의 성질을 보라! 일정한 형체가 없이 한없이 변화할 수가 있다. 이를 부드럽다고 표현하는데 물은 극단적으로 유연한 존재이다.

옛 성인은 이렇게 말했다. 고기가 물을 벗어날 수 없는 것은 그 부드러움 때문이라고. 부드러움은 그 안에 들어서면 혼돈 그 자체라고 할 수 있을 것이다. 여자의 마음이 그렇다고나 할까? 종잡을 수 없기는 어린아이들도 이에 못지않다. 주역에서 ☵(수)는 어린아이, 여자 등을 뜻하고 공포를 뜻하기도 하는바 실제적 예로 어린아이, 여자, 겁 많은 사람, 마음이 잘 변하는 사람, 우유부단한 사람 등이 여기에 해당된다.

아직 결정되지 않은 일도 ☵로 표현하는데 이럴 수도 있고 저럴 수도 있다는 뜻이다. 물은 종잡을 수 없는 존재이지만 적응력은 아주 뛰어나다. 자기 모습이 일정하지 않으며 상황에 대처를 잘하는 것이다. 모름지기 외교관이 그래야 하고 장사를 잘하려면 물의 속성을 이해해야 한다. ☵는 군중을 뜻하기도 하는바 그 행동을 예측하기 어렵기 때문이다.

물은 땅에 존재하는 보물과 같은 물질로 물이 없었다면 생명은 탄생하지 못했을 것이다. 우주 저 먼 별나라에 물이 있다면 그곳에 생명체가 존재할 가능성은 아주 높다. 실제로 천문학에서 행성의 생명체를 탐사하는 작업은 물을 찾는 작업과 같다. 물은 살아 있되 혼돈스럽다. 어린아이들은 종잡을 수 없지만 생명력이 풍부하다. 어린아이들은 축축한 느낌을 준다. 반면 노인이 되면 몸이 메마르게 되는 것이다.

우리의 정신세계에서 물 같은 존재는 감정으로, 감정은 일정한 틀이 없고 잘 변하는 존재이다. ☵는 모순을 뜻하기도 하는바 세상사에서는 딱히 정답이라는 것이 없는 경우가 많은데 이것이 바로 생명의 특성이다. 그래서 물은 자유를 상징하기도 한다. 어린아이의 행동처럼 사람은 제멋대로 살 권리가 있다는 뜻이다. 물은 휴식을 뜻하기도 하는데 이는 뱃속에서 이미 경험한 바 있다. 어머니의 몸 안에서 보호를 받다가 태어났는데 보호의 주체가 바로 물(양수)이었다. 어린아이를 말할 때 머리에 피도 안 마른 녀석이라고 표현하는 것은 아직 뱃속에서의 상태가 유지된다는 의미이다.

공자는 이러한 괘상에 대해 무엇을 음미하도록 했을까? 수천지습감 군자이 상덕행 습교사(水洊至習坎 君子以 常德行 習敎事). 성인의 가르침이지만 내용은 단순하다. 어린아이처럼 열심히 공부하여 덕을 쌓고 그들을 가르치는 일에도 게으르지 말아야 한다고. 물 같은 어린아이는 변화난측한 미래를 품고 있다. 또한 우리 자신도 어린아이라고 할 수 있다. 배우고 익히고 발전하는 것을 멈춰서는 안될 것이다.

30

나를 밝히고
그 빛을 남에게 이르게 하라

이위화

離爲火

불빛은 하늘의 보배이다. 우주의 초기에 출현한 이 불빛에 대해 그리스의 어떤 철학자는 우주에서 처음으로 존재했던 것이라 말한다. 이는 물이 처음이라고 한 탈레스의 말과 대조적인데, 불이 에너지를 뜻하는 것이라면 물질인 물보다 먼저인 것이 맞다. 하지만 물은 어둠을 뜻하고 불은 밝음을 뜻한다면 물이 먼저가 된다. 이 문제는 중요하지 않다. 그저 물과 불은 우주의 시작이라는 의미일 뿐이다.

주역에서 ☲(화)는 밝음이고 낮이고 발달이고 희망이고 따스함이고 좋은 환경이고 고귀함이고 위대함이고 인격이고 질서이다. 물이 자유라면 불은 여기서 한 단계 나아간 질서, 평화, 화합

등의 의미를 지닌다. 자유가 그 자체로는 좋은 뜻이지만 그것이 남을 해치지 않아야 하는바 ☲는 공정을 통해 발전한다는 개념이다. 주역에서는 ☲를 어른이라고 보기도 하는데 ☵(수)가 어린아이인 것과 상대적이다. 어른이 되면 세상 이치에 밝아지고 옳고 그름을 알게 된다.

공자는 일찍이 말했다. 실질이 문화를 앞서면 야하고 문화가 실질을 앞서면 약하다고. 따라서 군자는 문화와 실질을 갖추어야 한다는 것을 강조했다. 여기서 문화라는 것은 인간다운 모든 행위를 뜻한다. 사람은 어린아이에서 어른으로 성장하고, 인류의 역사도 어둠에서 밝음으로 진화해 왔다. 이는 높은 곳으로 향하는 생명의 특성이다. ☲는 지혜를 뜻하기도 하는바 밝아야 세상의 이치를 구분할 수 있다는 뜻이다.

☲의 효용은 끝이 없다. 낮에 햇빛을 쐬며 산책하면 몸속까지 밝아지고, 책을 많이 읽으면 마음이 밝아진다. 밝은 환경에서 살면 온순하고, 예쁜 옷을 입으면 남의 기분도 좋게 만든다. 강산의 아름다움을 보라. 이는 자연 생태계의 진화이다. ☲는 아름다움을 뜻하는바 이것은 자연이 나아가는 방향이라고 말하기도 한다. 삶에는 먼저 먹을 것(☵)이 필요하고 차차 문화를 갖추면서 완성되어 가는 것이다.

인류는 우주에서 피어난 발전된 꽃과 같은 존재이다. 이로써 세상은 아름다워지고 밝아지고 의미가 생기게 되었다. ☲는 인간의 삶에서 목표가 되는 것이다. 밝음의 상징은 아주 단순하다. 모든 생물이 밝음을 향하고 인류는 마음의 빛을 찾아 나아간다. 공자는 다음과 같이 말했다. 대인이 계명조우사방(大人以 繼明照于四方).
대인은 빛의 밝음을 계승하여 세상을 밝힌다.

인간은 마음의 밝음을 추구하고 이를 온 세상에 전파하는 것을 삶의 목표로 삼아야 한다. 당연한 얘기지만 나를 먼저 밝히고 그 빛을 남에게까지 이르게 하는 것이다.

31

연못처럼
포용력을 갖추라

택산함
澤山咸

괘상을 해석하는 데 필요한 8괘는 지금까지 모두 등장했다. 8괘 하나하나를 세심히 살핀다면 64괘상을 해석하는 일도 어렵지 않게 된다. 이 장에서 다룰 괘상은 ☱(택)과 ☶(산)인데 이에 대해서는 익숙하지 않은가! ☶은 덩어리, 몸체, 커다란 것, 잠자고 있는 아이, 동작이 멈춰 있는 것, 믿음직한 것 등이다. ☱은 연못과 같은 것으로 방, 그릇이나 주머니, 자루, 서랍 등이 해당된다. 모두 담는다는 의미가 포함되어 있다.

연못은 물이 고여서 만들어진 것인바 혼란스러운 물은 연못에 이르러 정착한다. 난민들은 조국이나 평화로운 땅에 정착한다는 뜻에서 다 같은 괘상으로 분류된다. 연못은 그 자체로 행복이나 평화를 상징하는데 그 속의 물이 평화로울 것이고 그로써 행복할 것이다. 연못은 어머니의 자궁 속이나 아늑한 방이고 안정된 공간이다.

산 위의 연못에는 어떤 뜻이 있을까! 연못은 물을 모아 놓은 곳이므로 그 물은 아래에 있는 산에 수분을 공급한다. 잠자는 어린 아이에게는 덮어 줄 것이 필요한데 담요나 이불 등이 바로 연못의 기능을 한다. 무엇인가를 보호하고 기운을 공급하는 것이 연못인 것이다. 사랑도 연못의 기능을 하는데, 사랑받는 사람은 연못의 보호를 받는 물과 닮아 있다. 어머니의 사랑, 고향, 조국 등도 그 안의 사람을 덮어 주고 있는 것들이다.

산 위의 연못, 연못 속에서 기운을 받는 것은 남녀 간의 사랑과도 닮아 있다. 여자의 역할은 부드러움이고 산은 여자의 허전함을 메꾸어 주는 든든한 존재이다. 연못은 아래 존재하며 그 위에 물을 담아 놓고 아래로 에너지를 공급하는 것이다. 산 위의 연못이 바로 그렇다. 언덕 위의 집도 그런 뜻이 있다. 사람들 중에는 남을 잘 배려하는 성격을 지닌 이가 있는데 이는 사람을 감싸 주는 연못에 해당된다.

또 어떤 사람은 성격이 긍정적인데 이는 남의 마음을 잘 수용한다는 뜻에서 연못과 같은 성격이라 할 것이다. 연못은 내면에 빈 공간이 있다. 그래서 정해진 고집이 없고 스스로 안정되어 있다. 연못은 또한 상처를 돌보는 의사와도 같은바 환자가 그의 배려에 의해 치료되는 것이다. 여자의 성격, 어머니의 마음도 모두 연못에 해당되는바 이는 세상을 부드럽게 하며 평화를 이루어 낸다. 하늘에 신이 있다면 그 또한 연못을 닮아 있지 않겠는가!

공자는 이에 대해 특별히 지목했다. 산상유택함 군자이허수인(山上有澤咸 君子以虛受人). 이는 연못처럼 포용력을 갖추라는 의미이다. 도량이 넓다는 말은 포용력이 있다는 뜻에 다름 아니다. 마음이 넓다는 뜻인바 그곳에는 만인을 수용할 수 있는 넉넉함이 있는 것이다.

32

굳건히 서서
방향을 바꾸지 말라

뇌풍항
雷風恒

절차대로 풀어 나가 보자. ☳(뢰)는 무엇인가? 이는 힘차게 활동하는 모든 존재를 상징한다. 청년들의 움직임은 매우 강력하다. 군인들의 행진도 당당하다. 이런 것을 ☳라고 한다. 남자의 걸음걸이는 ☳인바 여자의 걸음걸이하고는 양상이 다르다. 여자는 행동이나 걸음걸이가 ☴(풍)에 해당된다. 부드럽고 가볍다. 반면 군인들의 자세는 육중하고 강직하다. 그런 뜻에서 보면 자동차는 강력한바 ☳에 해당되고 대체로 모든 동물이 ☳에 속하는 것이다. 반면 식물은 ☴이다.

규칙적으로 움직이는 것, 단체로 움직이는 것 등이 ☳이고 무기나 공격, 날카로움도 ☳에 속한다. 하늘 높이 나는 전투기나 독수리가 그렇고 말을 타고 이동하는 기병대나 경찰, 군인, 높은 탑, 농기구 등도 마찬가지인바 천천히 음미하면 같은 결론에 이를 것이다. 우리 몸에서는 발이 ☷에 해당되고, 음악에서는 군가나 행진곡, 악기에선 타악기가 해당된다.

대화에서도 내용이 분명하면 ☷이고 결단력 있는 성격도 마찬가지이다. 권위나 강력한 힘, 법원의 판결, 군대의 명령, 단체의 규율도 ☷의 뜻인바 이에 해당되는 사물을 찾다 보면 우리 주변에 많이 널려 있다는 것을 알게 될 것이다. 이제 ☴에 대해서 알아보자. 이는 유연하고 외부로 통해 있다는 뜻이다. 바람이나 소식, 도로, 여자의 손길이 이에 해당한다.

☷와 ☴을 함께 해석해 보자. ☷가 ☴ 위에 있다는 것은 자동차가 평탄한 도로를 달리고 있는 것이고, 기차가 레일을 벗어나지 않는 것이며, 돛단배가 순풍을 맞고 있는 것이다. 연이 바람을 타고 잘 올라가는 것도 ䷓(뇌풍항)에 해당되고, 주식 가격이 잘 올라가고 있을 때, 몸의 컨디션이 좋을 때도 다 같은 뜻이다. 유행을 타거나 인기가 높아지거나 아이가 잘 자란다거나 직장에서 진급이 순탄하게 이루어지는 것도 ䷓인데 이는 궤도를 벗어나지 않고 시류를 타는 것이다.

운명도 잘 풀릴 때가 있는데 이는 좋은 기운을 타고 있기 때문이다. 사람 사이에 순탄하고 계약이 유지되고 질서가 잘 지켜지는 것도 모두 ䷓인데 이는 ☷가 ☴에 힘입어 잘 움직여 나간다는 뜻이다. 동지들끼리 끝까지 배신하지 않고 협조가 잘되거나 마라톤에서 순탄하게 달리는 것도 다 같은 의미인바 위에 열거한 사항을 확실히 짚고 넘어가야 한다. 주역 공부는 대충 흐릿하게 넘어가면 나중엔 그 무엇도 분명한 것이 없게 된다.

부부가 외도하지 않고 가정의 평화를 지키는 것도 ䷟인데 어째서 그런가? ☴은 지켜야 할 규범이다. ☳ 부부가 ☴의 토대 위에서 가정을 꾸려 나가는 것이다. 잘나가는 것, 순탄한 것은 모두 그 이유가 있는바 궤도를 이탈하지 않는 것이다. 군자의 공부 또한 이렇게 하는 것이다. 인생의 모든 일이 궤도에서 이탈하지 않고 잘 풀려 나간다면 얼마나 좋을까! 애당초 엉뚱한 생각을 하지 말고 지킬 것은 잘 지켜야 하는 게 인생이다.

세상에는 가야 할 길이 있는바 제 길을 따라 잘 가고 있는 것이 ䷟이다. 공자는 이러한 괘상을 보고 취할 바를 알려 주었다. 뇌풍항 군자이 입불역방(雷風恒 君子以 立不易方). 바람에 얹혀 순탄하게 나아가는 것이 항恒이니 군자는 굳건히 서서 방향을 바꾸지 않는다. 무슨 일이든 자주 바꾸면 일이 성사될 수 없는 법이다. 우리나라 속담에 이런 말이 있다. 첫술에 배부르랴! 잘되고 있을 때는 방향을 바꾸지 말아야 한다. 또한 방향을 바꾸지 않아야 될 상황을 잘 살펴보라는 뜻이기도 하다.

기차가 궤도를 이탈하지 않는 것처럼 인생은 일단 정상적인 길을 가야 한다. 성인의 가르침은 의외로 단순하다. 제 길을 따라

가며 일이 무르익도록 지켜봐야 할 것이다. 이 괘상은 순탄한 흐름 속에 군자가 취할 태도를 가르치고 있다. 변덕이 심한 사람은 그 무엇도 성취할 수 없는 법이다.

33

소인을 멀리하되
엄하게 가르쳐라

천산돈
天山遯

잠수 탄다는 말이 있다. 이는 어디론가 사라져 행방이 묘연할 때
일컫는 속어이다. 행방불명하고는 다른 개념인데, 잠수를 타는 건
스스로 그 행위를 결정한 것이다. 이런 일은 주역의 괘상으로 말
하면 ䷠(천산돈)이 되는바 하늘은 멀리 달아나고 산이 그것을 쫓아
갈 수 없는 형국을 보여 준다. 하늘이란 원래 멀리 떠나 있는 것이
지만 이것이 산과 비교될 때는 도망간 모습이 더욱 두드러진다. 앞
서 ䷙(산천대축) 괘를 공부하였는데 이는 하늘이 갇혀 있는 모습이
었다. 은행의 대형 금고도 이런 모습이고 솥뚜껑 속에서 끓고 있는
물을 나타내기도 한다.

반면 ䷠은 금고가 텅 비어 있고 솥뚜껑 아래 아무것도 없는 모

습이다. 괘상이란 상하로 구성되어 있는바 위아래의 괘상을 비교하여 음미하는 것이 괘상 해석이다. ䷠은 흔히 은거를 뜻하며, 모양을 보면 하늘은 멀리 달아났고 산은 납작 엎드려 있다. 산이란 게 원래 땅바닥에 엎드린 존재이지만 위에 있는 하늘과 비교하면 그 뜻이 분명히 나타난다.

삐졌다는 말이 있는데 이는 화가 나서 말문을 닫아 버린 경우를 말한다. 괘상으로 바로 ䷠인 것이다. 여자나 어린아이가 삐지면 여간해서 이를 풀 수가 없다. 산처럼 굳게 닫혀 있기 때문이다. 그만한 이유가 있을 테니 이해해야 하겠지만 어떤 사람은 특별한 이유도 없이 마음의 문을 닫아 버린다. 이는 좋은 태도가 아니다. 인간 사회란 게 어느 정도까지는 소통이 있어야 한다. 법정에서 묵비권을 행사하는 것은 비밀을 갖는 것이니 자기를 은폐하고자 하는 목표가 있다. 하지만 공연히 소통을 끊는 것은 정당하지 않다. 물론 세상만사가 싫어서 은거하는 사람은 이 또한 작정하고 숨는 것이니 나무랄 수는 없다. 어쨌든 숨는 것, 달아나는 것은 ䷠에 해당된다. 소인배가 고집을 부리며 자기를 굳게 지키는 것도 ䷠이다. 심하면 자폐증이라고 하는바 이는 정신적 질환이다. 소인배의 소통 거부는 인격에 문제가 있는 것이다. 소인배들은 자신의 요구가 받아들여지지 않으면 옹졸한 태도를 취해 남을 불편하게 만든다.

사람과 소통하기 싫으면 은거하면 된다. 하지만 사람 앞에 나서면 소통이 인격인 것이다. 화해를 한다는 것도 소통한다는 의미이니 옳은 일이다. 하지만 화해도 싫고 말하기도 싫고 자기 자신을 고치기도 싫다면 소인배라고 일컫는 것이다. 높은 직위에 있는 사람이 이런 태도로 살아간다면 이는 세상을 해치는 행위로서 주위 사람들로선 불편하기 그지없다. 소통은 인격과도 통한다. 물론 부부 싸움 뒤에 가출해 버렸다고 인격 결여라고 할 수는 없지만 이왕이면 대화로 해결하면 좋지 않겠는가?

주역의 괘상은 선악을 보여 주는 것이 아니고 형상 그 자체를 보여 줄 뿐이다. 우리는 그 형상에서 상징을 발견하고 의미를 밝혀 나가야 한다. 그것이 바로 주역 공부이다. 만물에는 뜻이 있고 주역을 통해 이를 밝혀낸다면 지성이 극에 달하게 될 것이다. 공자는 ☶에 대해 평범한 적용을 선택해서 지침을 내려 주었다. 천하유산돈 군자이 원소인 불악이엄(天下有山遯 君子以 遠小人 不惡而嚴). 군자는 소인을 멀리하되 미워하지 않고 엄하게 다스린다.

공자는 ☶ 상황에 대해 소인에 초점을 맞추었다. 은거자의 지침보다는 현실의 상황을 중시한 것이다. 숨기만 하는 소인, 이기적인 소인에 대해 멀리하되 또한 거리를 두면서 가르치라는 뜻이다. 공자는 다른 곳에서도 소인을 멀리하라고 가르쳤지만 주역의 괘상을 통해 더욱 간곡하게 말한 것이다. 사람은 세상과 함께 사는 것이니 자신을 폐쇄하는 것은 옳지 못하다.

190

예의를 지키는 것은
위대한 일이다

뇌천대장
雷天大壯

하늘과 우레에 대해서는 ☰☳(천뢰무망)에서 공부한 바 있다. 무망無
妄 괘에서는 우레가 하늘 아래로 향하고 있지만 ☳☰(뇌천대장) 괘에
서는 우레가 드높은 곳을 향하고 있다. 우레는 비행기나 독수리 등
을 나타내며 이들이 마음껏 상승하는 것을 뜻한다. 승승장구가 바
로 이런 상황이다. 영웅이 위엄을 온 세상에 떨치는 것과 같은 의
미이다. 권력자의 높은 위상도 마찬가지인데 높은 우레는 권위, 강
력함, 누구나 바라볼 수 있는 것, 목표를 완수한 상태로 올림픽에
서 금메달을 딴 것과 같은 형상이다.

　카리스마가 넘치는 정치인이나 가수, 선수 등이 그렇고 군자
의 학식도 그와 같다고 하겠다. ☳(뢰) 괘상이 양을 누르고 위로 치

솟는데 아래에 있는 ☰(천)이 힘을 보태고 있다. 누구든 높은 곳에 이르면 상승하는 힘이 더 강해진다. 마침내 성공하여 위세를 온 세상에 드러내 보이는 것이다. 위대한 승리도 이와 같고 인류가 진화의 대열에서 모든 자연계의 생물을 넘어선 것도 이와 같다.

품위가 있거나 고귀한 사람은 마치 하늘 위의 우레와 같다. 그래서 우러러본다는 말이 나온 것이다. 공자는 강해지기를 쉬지 말라고 건위천 괘에서 가르친 바 있는데 그 힘이 표출되는 것도 이와 같다. 스포츠에서의 스타플레이어나 조용필 같은 위대한 가수는 하늘 위의 독수리처럼 유유히 날고 그 자체 권위를 획득하고 있다. 사람은 일부러 꾸밀 필요 없이 저절로 권위가 있어야 한다. 위대함이란 스스로 있는 것이지 가짜로 만들 수는 없는 법이다.

그런데 세상은 영웅인 체하는 소인배가 참으로 많다. 말보다는 행동이다. 자식을 가르치는 데 있어서도 부모가 스스로 위대한 모습을 보이면 그것이 바로 교육이다. 한때 세상을 휘젓고 살아온 사람은 그것을 유지하기 위해 부단히 노력해야 할 것이다. 《장자》에 나오는 말인데 대붕은 한 번 날아 구만리를 가고 참새는 이 나무에서 저 나무로 이동할 뿐이다.

우리는 어떻게 위대함을 이룩할 것인가? 공자는 괘상에 대해 해설했다. 이는 괘상이 갖는 무수히 많은 상황 중에서 선택한 것인데, 공자 같은 성인이 바라보는 위대함이란 과연 무엇일까? 나는 오래전에 주역 공부를 하면서 공자가 일반적으로 가르치는 위대함에 대단히 흥미를 가졌었다. 그런데 다소 기대와 다른 가르침이 등장했다. 뇌재천상대장 군자이 비례불리(雷在天上大壯 君子以 非禮弗履). 군자는 이 괘상을 보고 예의가 아니면 행치 않는다는 뜻인데 공자는 사람이 예의를 지키는 것도 위대함의 하나라고 가르친 것이다.

다소 의외의 가르침이다. 생각 같아서는 천하의 대업을 얘기했을 법도 한데 예의의 위대함을 설파한 것이다. 예의란 사실 그런 것이다. 거기에는 아름다움, 위엄, 사랑, 질서 등이 포함되어 있다. 공자의 주된 사상 중 하나이지만 요즘 사람들은 예의의 위대함과 그 효용에 대해 잘 모르는 것 같다. 온 세상이 예의 바르다면 사회에 질서가 생기고 그런 사회는 위대하다 할 것이다.

35

먼저 나서고
다음에 성취하라

화지진
火地晉

여기서 ☷(지)는 땅이다. ☲(화)는 밝음인바 땅이 점점 밝아 오는 것을 ䷢(화지진) 괘상으로 표현한다. 희망의 아침, 언제나 새로운 출발을 의미하는 것이다. ☲는 자발적으로 쉬지 않고 이동하는 존재로서 에너지와 정보를 전달하기 때문에 우주는 멀리 있어도 함께 있는 것이 된다. ䷢은 진취적인 것을 뜻하고 이는 군자의 발전과 닮아 있다. 일찍이 공자가 말한 군자상달君子上達은 빛의 속성을 표현한 것이다. 또는 학인이 본받아야 하는 것이 빛이라고 했다고 볼 수도 있다.

예전에 우리의 조상들은 인생의 발전을 위해 고향을 떠나 멀리 서울로 향하기도 했는데 이 모습이 ䷢이다. 대학에 합격하여 인생의 출발에 대비하는 것도 그렇고, 여러 사람이 모여 파티를 즐기는 모습도 ䷢에 해당된다. 이 괘상은 왠지 기분을 좋게 하지만 죽음을 맞이하는 순간도 이 괘상으로 표현되니 괘상에 선악은 없는 법이다. ䷢으로 표현되는 인생의 종말은 실은 끝이 아니고 더 높은 세계로 발전하는 모습이기도 하다. ䷢은 넓음을 향한다는 뜻이 있고, 먼 곳에 사는 사람이 한 곳에 모여 선의의 경쟁을 하는 것도 이 괘상이다. ䷢은 휴식을 마치고 밖으로 나서는 모습인바 수면을 취하고 있는 ䷂(수천수)와 대비된다. 세상일은 쉬고 나아가는 법, 안에서 준비하고 밖에서는 성취하는 것이다.

미국 개척 시대에는 많은 사람들이 신세계를 찾아 서부로 떠나갔다. 인류는 먼 아프리카에서 발원하여 전 세계로 퍼져 나갔던 바 이 모습이 ䷢이다. 앞으로 인류는 우주를 향해 이 괘상의 뜻을 펼칠 것이다. 이것이 인간의 속성이다. ䷢은 발전하지 않고는 견디지 못하는 자세를 보여 준다. 사람에게 이런 기상이 없으면 우울증에 빠지는데, 인간은 이곳에서 저곳으로, 저곳에서 더 먼 곳으로 향함으로써 마음도 밝아진다.

침체의 반대말로 활기차다라는 말이 있는데 활기찬 것이 바로 ䷢이다. ䷁는 우리 몸이다. 그곳에서 생명력인 ☲가 생성되고 밖으로 발산된다. 의욕적인 사람을 표현할 때도 ䷢을 사용하니 온 세상에 이만큼 소중한 것이 없다. 우리의 앞날에 실패도 있겠지만 그때마다 새로 일어서는 기상이 필요한 것이다. 저 그리스 신화 중에

피닉스라는 새가 나오는데 이 새는 죽은 재에서도 살아났다고 한다. ䷒의 진수를 보여 준다고 하겠다.

어떠한 상황에서도 투지를 잃어서는 안 된다. 최선을 다하는 마음이 ䷒이다. 인류는 본시 다른 동물에 비해 투지가 월등했다고 한다. 호랑이나 사자, 공룡들보다도. 이러한 속성이 인간을 만물의 영장으로 진화시킨 것이다. 이 싸움은 아직도 계속되고 있다. 이제 상대는 자기 자신이다. 스스로를 이기고 나서야 한다. 미래를 두려워 말고 부딪쳐 봐야 하는 것이다.

탐험가들은 승산을 따지지 않는다. 무조건 전진하고 본다. 난관은 그때 가서 해결하면 되는 것이다. 우선은 나서는 것이 힘이라는 생각이다. 전진하지 못하는 사람은 많은 이유를 댄다. 하지만 이는 용기가 없다는 뜻일 뿐이다. 공자는 인간의 덕목으로 지혜, 사랑, 그리고 용기를 내세웠다. 용기란 행동할 수 있는 힘을 말하는 것이다. 인류는 이로써 문명을 이룩하고 온 세상에 우뚝 섰다. 아직 저 우주가 남아 있지만 인류는 끝없이 나아갈 것이다.

공자는 말했다. 명출지상진 군자이 자조명덕(明出地上晉 君子以自昭明德). 군자는 밝은 덕을 스스로 밝힌다. 나아가고자 하는 정신은 스스로 갖추는 것이지 누가 시켜서 되는 것이 아니다. 인격도 스스로 갖추고자 하는 마음이 있어야 갖추게 되는 것이다. 먼저 나서고 다음에 성취한다. 이것이 전진의 본질이다.

36

잘못은
스스로 깨닫게 하라

지화명이
地火明夷

우리나라 속담에 소가 지나가도 못 본다는 말이 있다. 이는 멍청한 사람을 말할 때 쓰는 것이지만, 사람의 어리석음을 밝지 못하다고 표현하기도 한다. 소경 몽둥이란 말도 있는데 어리석은 자가 마구 행동하는 것을 뜻한다. 어둠이라는 것은 내 자신이 그러할 때가 있고 세상이 그러할 때가 있다. ䷣(지화명이)는 어둠을 총체적으로 표현하는 것이다. 무식한 사람을 뜻하기도 하고 밤이 되어 어둡다는 의미이기도 하다.

이 괘상을 보면 빛이 땅(☷) 아래로 꺼져 있다. 그저 어둡다고 이해하면 된다. 또는 슬슬 물러나는 것으로 볼 수도 있다. 앞서 공부한 ䷢(화지진) 괘와는 반대의 뜻을 갖고 있는 것이다. 주역이란

8괘가 위아래로 이동하면서 뜻을 만들어 내는바 차분히 생각하면 주역의 괘상(대성괘)이 성립하는 원리를 알 수 있다. 세상은 어둠으로부터 시작되었는데 이는 아직 빛(☲)이 세상에 나오지 않았다는 뜻이다. 주역의 괘상은 처음부터 심오하게 생각할 필요가 없다. 우선 떠오르는 것부터 시작하여 차차 깊이를 더해 가는 것이다. 이는 어린아이가 말을 배울 때와 비슷하다.

초창기에 인류는 아직 지식이 발달하지 않아서 세상살이에 어두웠다. 이것을 ☷라고 한다. 그리고 먼 옛날에는 인간이 무지하여(어두워서) 살기가 어려웠다. 남을 해치고 질서가 없었다. 지금의 세상은 어둠에서 빛이 나고 있는 중이다. 인류는 온 세상의 어둠을 떨쳐 낼 것이다. 나는 어린 시절에 지구가 둥근 줄 몰랐고, 아직 전기가 보급되지 않아 밤이 되면 어두웠다. 게다가 세상 물정을 모르는 나의 마음은 암흑 그 자체였다. 지금은 얼마나 밝아졌을까! 밝음은 목표이고 방향이다. 어두우면 나아갈 수 없는 법이다.

그런데 어둠에도 쓰임새가 있다. 잠을 자고자 할 때는 어둠이 필요하다. 사람에게는 누구나 비밀이 있는데 비밀이 바로 ☷이다. 또한 개인에게는 사생활이 있는바 이를 남에게 노출시키고 싶지 않을 때 이를 ☷로 표현한다. 특히 여자들의 프라이버시란 절대로 지켜져야 하는바 이것이 바로 ☷인 것이다. 공자는 이렇게 말했다. 명입지중명이 군자이 이중 용회이명(明入地中明夷 君子以 莅衆 用晦而明). 군자는 대중을 대함에 있어 어둠을 이용해 밝게 한다. 다소 어려운 표현이다.

하지만 내용은 단순하다. 세상일은 어두운 대로 내버려 두어서 좋을 때가 있다. 너무 밝으면 해가 되는 수도 있는 법이다. 맑은 물에는 고기가 살지 않는다는 말이 있는데 감출 것은 감추어야 한다는 뜻이다. 옳고 그름을 너무 따져서도, 남의 잘못을 너무 드러나게 해서도 안 되는 것이다. 어두운 밤이 지나야 새벽이 오듯이 밝음은 서서히 이룩해야 한다. 그믐이 지나면 달은 서서히 밝아 온다. 사람은 고생을 해 봐야 깨달음을 얻는 법이다. 잘못은 스스로 깨닫게 하는 것이 가장 좋은 방법이다. 어둠(잘못)은 나중에 더 큰 밝음을 준다.

백성을 다스림에 있어서도 조금은 눈감아 주어야 할 때가 있다. 정부가 너무 밝음을 추구하면 백성은 오히려 숨어서 더 나쁜 짓을 할 수도 있다. 아이들의 교육도 이와 마찬가지이다. 우정을 나눌 때도 상대방에게 너무 옳음을 요구해서는 안 되며, 눈감아 주거나 보고도 못 본 체함으로써 문제가 저절로 풀려 나갈 수 있다. 이를 두고 어둠으로써 밝게 한다고 표현한다. 다소 난해하지만 어둠을 없애는 것은 서서히 조금씩 해 나가면 된다. 사춘기 아이들과 다투어 본 적이 있는가? 아이들의 작은 잘못을 덮어 두면 큰 잘못을 방비할 수 있다.

37

말에는 뜻이 있고
행동은 궤도를 벗어나지 않아야 한다

풍화가인
風火家人

이 괘상은 불길이 나오는 모습을 보여 준다. 불길은 어딘가에 붙어서 움직이는바 이는 근원이 있다는 뜻이다. 여기서 ☲(화)는 여러가지 뜻이 있는데 그중에는 덩어리라는 뜻도 있다. 뭉쳐 있는 것을 말할 때 ☲를 사용하며, 대조적으로 끊어짐, 가루, 개별적 움직임 등은 ☵(수)로 표현한다.

　나무의 뿌리에 흙덩이가 뭉쳐 있는바 나무가 ☴(풍)이고 흙은 ☲이다. 이러한 구조 때문에 ䷤(풍화가인)을 소속이라 하며 소속 단체 등을 뜻한다. 괘명이 가정인家庭人이라고 했는데 가정만큼 단단한 소속이 어디 또 있겠는가? 가풍이란 말도 있는데 이는 가문에서 뿜어져 나오는 기운을 말한다. 가문이 ☲이고 거기서 가풍이 나온다. 불덩이에서 나오는 뜨거운 바람과 닮아 있다.

어딘가에 실오라기 같은 것이 붙어서 나풀거리는 모습, 깃발이 바람에 나부끼는 형상, 머리숱이 수북한 사람, 메이커 상표가 붙어 있는 물건, 임시로 붙어 있는 벽보 등에 같은 뜻이 있고, 어머니의 따뜻한 기운, 인격자의 느낌, 어린아이들이 모여 있는 유치원, 국적을 알려 주는 여권, 장식용 실타래 등 우리 주변을 보면 어딘가에 붙어서 존재하는 사물은 무수히 많다.

아름다운 목소리, 귀걸이 장식, 어른의 수염, 접착제로 임시로 붙여 놓은 물건, 상품에 덤으로 끼워 주는 물건 등이 다 해당된다. 세상 만물이 거의 모두 연계되어 존재하는바 이로써 안정을 취하는 것이다. 달은 지구에 만유인력으로 연계되어 있고 지구는 태양에 연계되어 있다. 음식물에 멋을 부리는 부가물도 이런 뜻이 있고, 스포츠 선수들의 팀, 사람을 배웅할 때 흔드는 손짓, 광고 음악이나 장식품 등도 모두 마찬가지이다.

그저 그럴 뿐이다. 주역의 괘상을 통해 만물의 유형, 뜻, 닮음 등을 규명함으로써 천지의 작용을 단순하게 살필 수 있다. 괘상들이 어디에 활용되는지 미리 말할 수는 없지만, 사물이 존재하면 괘상을 통해 그 상징을 알 수 있는 것이다. 상징이란 단순한 느낌이 아니다. 우주 대자연의 움직임에는 목표가 있는바 그것이 상징의 형태로 드러나는 것이다.

공자는 풍화가인이라는 현상을 보며 취할 수 있는 마음의 태

도를 설명했다. 풍자화출가인 군자이 언유물이행유항(風自火出家人
君子以 言有物而行有恒). 말에는 내용이 있어야 하고 행동에는 꾸준
함이 있어야 한다는 뜻인바, 말에 뜻이 있고 행동이 궤도에 어긋나
지 않아야 세상은 질서가 잡히는 법이다. 근거 있는 말, 의미 있는
행동이 사람 사는 모습을 분명하게 해 준다.

38

같음에서
다름을 바라보라

화택규
火澤睽

이 괘상을 있는 그대로 바라보면 바다에서 태양이 떠오르는 형상이다. ☱(택)이 바다이고 ☲(화)는 태양이다. 동해 바다에서 떠오르는 태양은 희망찬 시작을 보여 준다. 결혼식을 마치고 신혼여행을 떠나는 남녀도 이와 같은 뜻이다. 아름답고 밝은 출발을 보여 주는 것으로 태양이 떠오르는 광경만 한 것이 없을 것이다!

출세하기 위해 고향을 떠나 도시로 향하는 청년의 모습, 새로운 사업을 시작하는 모습 등 좋은 느낌을 주는 출발은 모두 이 괘상으로 표현한다. 대표적인 현상으로는 여자가 시집가는 모습이 있다. ☲는 아름다움이므로 그 자체로 여자에 해당된다. ☱은 두말할 것도 없이 그동안 살았던 집이다.

있던 곳에서 떠나는 것 중에 또 어떤 것이 있을까! 화살이 활을 떠나는 모습도 여기에 해당되는데, 인류의 초창기 먼 옛날에 어떤 현자가 ☲(화택규)를 본떠 활을 발명했다고 원전은 전한다. 오늘날 총이나 대포, 미사일 등도 같은 형상이다. 화살이 활과, 총알이 총과 한때 함께 있다가 때가 되면 있었던 곳을 떠나듯이, 때가 되면 만물은 이처럼 있었던 곳을 떠나는 것이다.

함께 살던 룸메이트가 살던 방을 떠나는 것도 같은 의미인데, 이 사람은 이미 떠날 수밖에 없는 사연이 만들어지고 있었던 것이다. 배신자가 동지를 떠나는 것도 같은 모습인바 만물의 운행은 한 곳에 영원히 머물 수가 없는 법이다. 때가 되면 그토록 다정했던 부부마저 이별할 수도 있다.

불교 경전에는 '만난 자는 반드시 떠난다(會者定離)'는 말이 있다. 자연현상은 눈에 보이는 것이 전부가 아니다. 이미 내면에는 새로운 작업이 이루어지고 있는 중이다. 그것이 좋은 일이든 나쁜 일이든 현상이 무너지는 것을 항상 염두에 두고 살아야 할 것이다. 갑작스럽게 일어날 것을 미리 짐작하면서 살자는 의미이다.

공자는 이 괘상에 대해 다음과 같이 썼다. 상화하택규 군자이동이이(上火下澤睽 君子以 同而異). 군자는 이 괘상을 보고 같음에서 다름을 본다는 뜻인바 편안할 때도 위기를 잊지 말아야 한다는 것을 표현한 것이다. 뜨거운 공기는 솥뚜껑 아래 있다가 밖으로 방출된다. 음식을 하던 중 솥이 넘칠 수 있으니 경계를 늦추어서는 안 된다. 같음에서 다름을 보는 것은 현자들이 미래를 보는 방식이다.

나는 그동안 많은 현상들 속에서 살았는데, 그것들이 이제는 하나씩 내게서 떠나고 있는 중이다. 그러니 예전에 그런 섭리를 깨닫지 못하고 살았던 나날이 후회가 되기도 한다. 헤어짐, 변화, 이탈 등은 항상 우리 주변에 있는 것들인데 그것을 예견하는 마음이 인간에게는 부족하다. 공자는 이런 마음을 떠나라고 가르치고 있는 것이다.

39

고치고
또한 힘을 내라

수산건
水山蹇

이 괘상은 ☵(수)와 ☶(산)으로 되어 있는바 절차대로 ☵의 뜻을 먼저 확인하자. ☵는 물이다. 또한 구름이나 습기, 안개 등이 여기에 해당된다. 물의 분자 구조가 H_2O라는 것은 의미가 없다. 사람을 규정할 때 그 성분을 따지는가? 주역에서 중요한 것은 사물의 외부에 나타난 기능이다. 예를 들어 나무가 있다면 이것이 그늘을 만든다거나 기둥을 이룬다거나 하는 점을 고려한다. 그 성분을 논하자는 것이 아니다. 꽃이 있다면 그 아름다움이 중요하지 그것이 어떤 분자로 이루어졌는지는 따지지 않는다는 것이다.

주역이란 그런 학문이다. 그것을 무엇에 쓸 것인가? 주역을 처음 공부하는 사람은 이를 걱정한다. 그러나 전혀 걱정할 필요가 없다. 주역을 어느 정도 터득하면 우주 대자연의 모든 작용의 틀을 알 수 있으며 사회의 기능이나 인간의 행동을 이해할 수 있게 된다. 또한 뜻이 잘 안 보이던 사물들의 의미를 규정할 수 있게 되는 것이다. 이로써 성인의 지혜를 이룰 수 있으며 천지와 나란히 그 작용에 참여할 수 있는 것이다.

☷의 뜻을 좀 더 살피자. 늪, 함정, 난관, 침체, 사막, 추위 등이 있는데 생각하면 아주 많은 것을 찾아낼 수 있을 것이다. 이제 ☶을 보자. 이는 정지를 뜻하는바 꼼짝달싹 못하는 물체 등을 뜻한다. 사람의 몸이나 단체, 자동차 등도 마찬가지이다.

☷과 ☶를 합친 ䷂(수산건) 형국으로는 난관 속에 정지되어 있는 사람이나 기업체, 병 때문에 거동을 잘 못하는 신체, 망해 가는 사업에 대책 없이 주저앉은 상황, 물에 빠진 사람, 포위되어 있는 군대, 온몸이 넝쿨에 묶인 상태, 그리고 나이 많으신 분이 몸이 무겁다고 말하는 것 등이 있다.

여기서 잠시 이 ䷃ 괘상을 다른 괘상과 비교해 보자. 뜻이 더욱 분명해질 것이다. 앞서 우리는 ䷥(화택규)을 공부한 바 있는데, 이 괘상은 가볍고 힘이 넘치는 형상이었다. ☲(화)는 밝음, 가벼움이고 ☱(택)은 활력이 가득 차 있는 것이다. 반면 ☷는 어둡고 무거운 모습, ☶은 기력이 탕진되어 주저앉은 모습이다. ䷃은 ䷥와 정반대 형상으로 그 뜻도 반대임은 당연하다. 주역의 괘상은 원래 형상으로 성립되는바 형상이 반대이면 뜻도 반대가 된다. 이는 실로 편리한 상황이다. 괘상 32개로써 64개를 이해할 수 있기 때문이다.

이제 ䷜의 뜻이 더욱 분명해진 것 같다. 사물은 반대의 것과 비교됨으로써 그 정체성이 더욱 분명하게 드러나는 법이다. 괘상 ䷜는 떠날 수 있으나 ䷜은 떠날 수가 없다. ䷜은 게으르고 힘없고 나쁜 운을 만난 것이다. ☵는 나쁜 운을 상징한다. ☶은 대책을 못 세우고 있는 것이다. 세상을 살다 보면 이러한 혹독한 난관에 부딪칠 때가 있다. 불운과 무능, 이로써 최악의 사태를 맞이한 것이다.

이럴 때는 어떻게 해야 할까? 불운이 떠나기를 기다리기만 해서 되는 것일까? 공자는 이와 같은 상황에서 군자의 길을 설명해 주었다. 산상유수건 군자이 반신수덕(山上有水蹇 君子以 反身修德). 이런 상황에서 군자는 행동을 고치고 인격을 닦으라고 가르친바, 행동을 고치라는 것은 한 가지 방식만 고집하지 말라는 뜻이다. 또한 인격을 닦으라고 함은 강해지라는 의미이다. 세간에 이런 말이 있다. '안 되면 되게 하라.' 이는 군대에서 쓰는 말인데 두 가지 뜻이 함축되어 있다. 방법을 이리저리 강구하라는 것이고 더욱 힘내라는 것이다.

고난에 처했을 때 운명만 한탄하는 사람이 있는데 이는 군자의 태도가 아니다. 앞서 ䷀(건위천) 괘상을 공부할 때 공자는 군자는 스스로 강해지기를 그치지 않는다고 가르쳤다. 인생은 강해져 가는 과정이라고 할 수 있을 것이다. 유연해지고 또한 강해져야 한다는 게 바로 세상 사는 이치가 아닐 수 없다.

흔히 최선을 다한다는 말이 있지만 이는 좀 약한 표현이다. 최선을 다한다는 것은 나름대로 애써 본다는 뜻일 뿐이다. 더욱더 힘을 내야 하는 법이다. 그리고 무슨 일이 잘 안 되면 방법을 바꿔 봐야 하는 것이다. 반신수덕反身修德, 이 간단한 말 한마디에 성인의 자상한 배려가 흠뻑 젖어 있다. 고치고 또한 힘을 내라!

40

남의 허물을 놓아 주고
죄를 용서하라

뇌수해
雷水解

그동안 ☵(수)에 대해서 충분히 공부했지만 이번 장에 ☵가 나오니 다시 한 번 음미해 보자. ☵는 혼돈, 혼란, 어둠, 난관 등의 뜻이 있는데, 여기에 다소 미묘한 점이 들어 있다. 그것은 ☵가 위쪽에 있을 때 그 성질이 더욱 두드러진다는 것이다. 그런데 이번 장에서는 ☵가 아래쪽에 배치되어 있다.

여기에는 어떤 뜻이 있을까? ☵의 위치를 바꿔 보자. ䷂(수뢰준)은 어떤가? 이 괘상은 험난 속에서 애쓰는 모습이다. ☵가 위에서 닥쳐오기 때문이다. ☵는 본래 아래로 향하는 성질이 있다. ☵가 음이기 때문이다. 물이 아래로 흐르는 성질이 있다는 것으로 이해해도 된다. 그래서 ䷂ 괘상에서는 ☵가 ☳(뢰) 쪽으로 닥쳐오는 것이다. 이는 험난이 다가와서 ☵를 감싼다는 뜻이다. 하지만 괘상 ䷧(뇌수해)에서는 ☵가 아래로 처져 있어 험난이 물러나는 형상이다. 홍수가 난 뒤 물이 아래로 빠져 나가는 모습이다. 물이 위에서 내려올 때와 아래로 빠져 나갈 때는 양상이 사뭇 다르다.

이제 ☶(산)을 보자. 이는 ☵와 비교될 수 있는데, ☵는 움직이고 있는 모습이고 ☶은 침체되어 있는 모습인바 달리고 있는 자동차와 정지한 자동차로 비교될 수 있다. ☵은 험난 속에서도 애쓰는 모습이지만 ䷦(수산건)은 험난에 갇혀 꼼짝 못하고 있는 형상이다. 그런데 이 상황이 뒤집히면(해결되면) ䷦에서 ䷃(산수몽)으로 변한다. ☵의 위치에 따라 ☵와 ☶의 뜻이 바뀌는 것이다. ☶이든 ☵이든 ☶위에 있어서 고난을 멀리하고 있지만 ☵는 ☶에 비해 험난한 탈출 과정이 이어지고 있는 상황이다.

원전의 괘상들은 괘가 뒤집어짐으로써 뜻이 바뀐 모습을 보여주고 있다. ䷃는 ䷦이 뒤집어진 것이고, 한편으로 ䷤(풍화가인)과 ䷧를 비교할 수도 있다. ䷤과 ䷧는 모양이 반대이므로 뜻도 반대가 될 것이다.

인간의 언어에는 비슷한 말도 많고 반대말도 많아서 뜻을 정밀하게 가리기에는 다소 복잡한 면이 있다. 하지만 이는 인간의 언어가 조직화되어 있지 않다는 뜻일 뿐이다. 그래서 인간은 논리 전개에 있어 적중률이 떨어진다. 근원이 되는 단어의 정의가 불분명하기 때문이다. 그래서 주역의 괘상이 필요하다. 괘상에는 사물의 정의와 작용 등이 확실하게 표현되어 있다. 이로써 만물의 뜻이 밝혀진다는 것이다.

䷀과 ䷕를 음미해 보자. 앞서 공부한 ䷀은 소속되어 있거나 잡혀 있는 것 등을 나타낸다. 직장에 잡혀 있든 가정에 잡혀 있든 소속되어 있는 것은 모두 ䷀이다. 반면 ䷕는 뜻이 완전히 다르다. ䷕는 벗어나고 있는 모습이다. 난관에서 벗어나든 일에서 벗어나든 가정으로부터 벗어나든 문제점으로부터 벗어나든 모든 탈출은 ䷕로 나타낸다.

괘명이 해解인 것도 이를 잘 보여 주고 있다. 사물은 한 곳에서 다른 곳으로 이동함으로써 새로운 변화가 있는 것이고 인간의 마음도 한 곳에 잡혀 있지 않고 벗어남으로써 발전할 수 있는 법이다. 이에 공자는 설명했다. 뇌우작해 군자이 사과유죄(雷雨作解 君子以 赦過宥罪).

여기서는 ☵를 비로 표현했는데 특별한 것은 없다. 내려가는 물을 비로 표현했을 뿐이다. 원문의 뜻은 ䷕의 괘상을 보고 백성들에게도 이와 같은 상황을 만들어 주라는 것이다. 죄를 사하여 주는 것은 그 사람으로 하여금 벗어나게 해 주는 것이다. 이렇듯 국가가 백성에게 은혜를 베풀면 백성의 생활은 더욱 자유로워지리라!

41

분노를 경계하고
욕심을 막아라

산택손
山澤損

산기슭에 지어진 집을 상상해 보자. 산을 등지고 앉은 집은 한 면을 산이 막아 주어 든든한 느낌을 준다. 실제로 산은 바람도 막아 주고 마음의 허전함도 막아 준다. 반면 벌판에 지어진 집은 바람을 직접 맞아야 하고 주위가 휑하니 뚫려 있어서 마음의 안정마저 흔들리게 된다.

그래서 사람들은 집을 지을 때 산을 등지고 짓는 것이다. 이른바 산 아래 집으로서 이는 태곳적부터 인류에게 선호되어 온 장소이다. 벌판에 지어진 집은 바람을 맞거니와 노출되어 있어 그만큼 위험하다.

이번 장에서 다룰 괘상은 단순히 산 아래에 있는 집을 보여 주고 있다. 위는 산이고 아래는 연못, 즉 풍수에서 말하는 배산임수背山臨水로서 명당의 모습이다. 연못은 평화, 산은 안정이다.

이 모습을 형이상학적으로 확대해 보자. 그래야 그 뜻을 분명히 할 수 있기 때문이다. 가정의 모습을 상정하자. 부모가 있고 자식들이 있다. 여기서 산은 부모다. 그리고 사람이 사는 모든 집은 겉을 막아 주는 건물과 그 안에서 사람이 사는 방으로 이루어져 있다. 이때 건물은 산이고 연못은 방이다. 또한 어떤 사람이 직장을 다닌다면 회사 자체는 산이고 그 안에서 일하는 곳은 연못이 된다.

든든하게 보호해 주는 것 안에서 생명체가 사는바 이러한 구조는 우리 주변에서 얼마든지 찾아볼 수 있다. 적과 마주하고 있는 국경에는 군대가 있고 군은 스스로 보호하기 위해 진지를 구축하고 있는데, 이들이 모두 산이고 이들에 의해 보호받고 있는 것이 연못이다. 국가 정부는 산의 역할을 하고, 그 안에서 평화를 누리는 백성은 연못이다.

나라에는 경찰이 있어 범죄로부터 시민을 보호하는데 이것이 산의 역할이다. 운동 경기 현장에 응원단이 있다. 이들은 어느 한 편을 응원하는데 이는 겉으로 한 진영을 형성한 것이다. 이들은 팀에 힘을 실어 주고 선수를 격려(보호)하고 있다.

대자연을 보면 의존하는 사물이 있고 보호하는 사물이 있다. 남자와 여자의 관계가 그렇고 어른과 아이가 그렇다. 그리고 우리가 입는 옷도 몸을 보호하는바 이때 옷은 산이고 몸은 연못이다.

방패도 마찬가지고 우산도 산의 역할을 하는 것이다. 우리 몸도 그렇다. 피부가 있고 그 안에 오장육부가 들어 있다. 물건을 감싸고 있는 든든한 상자는 산이고 그 안에 든 물건들은 연못이다.

여기서 방향을 틀어 보자. 스포츠에서는 국가나 단체를 대표하는 선수들이 있다. 이들은 선출된 존재로서 국민을 대표하여 밖에 나가 싸운다. 그리고 어느 그룹에서 성금을 모으는 행위도 산을 만드는 행위이다. 각 개인이 조금씩 돈을 내는 행위는 연못이고 거기서 모아진 돈이 쓰이는 것이 산이다. 국가 재정은 백성이 낸 세금으로 유지되는데, 이는 아래에서 위를 받들어 성취하는 모습이다.

이처럼 아래를 덜어 위에 보탠다 하여 괘명을 손損이라고 하였는데, 위에 쌓인 돈은 결국 모든 국민에게 도움이 되도록 쓰이는 것이다. 만약 땅을 파서 둑을 만들고 그 아래 연못을 만든다면 연못은 흙을 손해(?) 보겠지만, 그렇게 해서 만들어진 산이 물을 연못으로 흘려보내니 상호 이익이 되는 것이다.

색다른 예를 들어 보자. 임진왜란 때 이순신 장군이 왜군의 총탄에 맞았는데 이때 장군은 그 사실을 병사들에게 알리지 말라고 했다. 속으로는 상처를 입어 죽어 가지만 겉으로는 의연한 모습을 보인 것이다. 옛날 조선시대 사대부들이 그랬다고 전해진다. 그들은 배가 고파도 겉으로는 의젓했고 추워도 당당한 모습을 유지했던 것이다. 사람은 겉모습을 유지할 필요가 있다. 남을 돕는 영웅도 속으로는 외롭고 허전할 수도 있다. 겉으로 강하다고 속도 꼭 강한 것은 아니다.

공자는 말했다. 산하유택손 군자이 징분질욕(山下有澤損 君子以 懲忿窒欲). 이는 속의 실체를 그대로 밖으로 나타내지 말라는 것이다. 화가 나도 그것을 억누르고 욕심이 나도 자제하고 자세를 유지하라는 것이다. 공부를 많이 한 사람의 모습이 이렇다. 반면 어린 아이나 소인배들은 내면을 감추지 못하고 겉으로 폭발한다. 겉으로 산처럼 자세를 취할 것이며 속으로는 평화를 지키라는 가르침이다.

무엇이 중요한지
요점을 파악하라

풍뢰익
風雷益

수만 년 전 인류에게는 농사라는 게 없었고 산에서 과실을 따 먹거나 사냥을 통해 식량을 조달했다. 물론 집이라는 것도 없이 동굴 속에서 살며 낮에는 벌판을 돌아다녔다. 그렇게 세월을 지낸 후 현자가 나타나 농사법을 발견했다. 땅을 파고 그 속에 씨앗을 심으면 곡식이 자란다는 것을 알게 된 것이었다.

　원전이 전하는 바에 의하면 농사는 ䷩(풍뢰익) 괘상에서 힌트를 얻었다고 한다. 이 괘상은 땅으로 파고들고 또한 자라나는 것을 보여 주고 있다. ☳(뢰)는 파고 들어가는 것이고 ☴(풍)은 나무가 자란다는 뜻이다. 이는 농기구와 닮아 있다. 땅을 파는 괭이는 손잡이가 있는바 손잡이는 부드러운 나무인데 이것은 ☴의 뜻이다. 그리고 단단한 금속으로 되어 있는 농기구는 ☶에 해당된다.

나무로 조정하고 쇠로 뚫는다는 것이 ䷑의 모습이다. 헝겊을 꿰맬 때 바늘이 천을 파고들고 실이 뒤따라가는 것도 같은 뜻이 있다. 유종지미有終之美라는 말이 있는데 이는 깨끗이 마무리 짓는다는 뜻이다. 이것이 바로 ䷑이다. 끝을 잘라 낸다는 의미로 ☶가 바로 그런 역할을 한다.

울퉁불퉁한 도로를 말끔히 포장하는 것도 이 괘상인데, 거친 땅이 ☷이고 평탄 작업이 이루어진 상태가 ☰이다. 만물은 상하의 괘상으로 다 표현할 수 있는데, 사물을 괘상으로 표현하다 보면 서로 다른 내용이 실은 같은 뜻이라는 것을 알게 된다. 이것이 바로 주역의 위력이다. 겉으로 드러난 형상 이면에 함유된 의미를 살펴보다 보면 서로 달라 보이던 사물이 하나로 인식되기에 이르는 것이다. 이로써 세상은 단순해지고 무한한 사물을 유한한 유형으로 분석할 수 있게 된다.

농사와 평등이 어떻게 서로 같은 뜻이 되는가! 농사는 씨앗이 땅속으로 파고 들어가 자라도록 하는 것이고 평등이란 일정한 모습이다. ☶은 위를 가지런하게 한다는 것으로 평등한 질서를 의미한다. 이처럼 사물은 형상을 통해 그 뜻을 드러내고 있다.

䷑은 어린아이가 뒤에서 엄마를 잡아당기며 함께 놀자고 하는 모습인바, 아래에서 당기는 것이 ☴이고 밖으로 나서려는 엄마는 ☶이 된다. 이는 배가 정박했을 때 물결에 떠밀려 가지 않도록 닻

218

을 내려 고정시키는 것과 닮아 있다. 이런 형상은 사람이 행동할 때 자제력을 가져야 한다는 가르침을 내포하고 있다.

은행에 돈을 맡기면 이자가 생기는데 이자가 ☱이고 ☷는 원금이다. 물건을 살 때 덤으로 받은 것이 ☱이고 본 상품은 ☷인 것이다. 사물은 핵심이 있고 그 주위에 맴도는 것이 있다. 영화에서 주연 배우와 조연 배우가 있는 것과 뜻이 같다.

먼 옛날 중국에서는 오늘날 관상대처럼 점치는 정부 기관이 있었는데 이는 괘상으로부터 사물의 형상을 추적하여 일어날 일을 알아내는 것인바 주역의 응용에 해당된다. 징조란 어떤 현상이 발생했을 때 주역적으로 그와 뜻이 같은 일이 동반하여 발생한다는 의미로서 주역의 응용이다.

반면 겉모습은 비슷하지만 내용이 다른 경우도 있는데, 소위 사이비似而非가 그것이다. 사물은 내면의 모습이 중요하다. 사기꾼들은 겉모습은 그럴듯하게 해 놓고 속으로 흉계를 꾸미는바 그 포장이 ☱이고 내면의 흉계가 ☷에 해당된다. 낚시라는 것도 같은 뜻을 갖는 바, 인간 행동의 종류가 무수히 많지만 그 뜻은 주역의 64개 괘상으로 모두 알 수 있다. 그리하여 무한히 많은 공부를 하지 않아도 세상의 뜻을 대강 파악할 수 있는 것이다. 64괘를 넘어서는 사물의 뜻이란 있을 수 없기 때문이다.

여기서 공자의 마음을 살펴보자. 풍뢰익 군자이 견선즉천 유과즉개(風雷益 君子以 見善則遷 有過則改).

풍뢰익 괘상에서 군자는 선을 보면 행하고 악행은 제거하는 것이다. ☷은 버린다는 뜻이고 ☳는 내게로 가져온다는 뜻이다. 이는 잡다한 사물을 접할 때 핵심과 들러리, 선한 것과 악한 것을 잘 가려내라는 뜻이다. 옛말에 이런 게 있다. '호랑이는 사람을 물고 개는 뼈다귀를 문다.' 이는, 호랑이는 공격하는 목표를 바로 보지만 개는 공격하다 말고 뼈다귀에 관심을 갖는다는 것으로, 행동할 때 무엇이 중요한지 요점을 파악해야 한다는 가르침이다.

여기서 생각해 보자. 우리의 인생에 있어서 요점은 무엇일까?

43

때로는 자신을 잘 지키는 것이
전진의 요점이 된다

택천쾌
澤天夬

물이 담겨 있는 것이 연못이다. 그런데 주역에서는 물뿐 아니라 무언가를 담고 있는 모든 것을 연못으로 표현한다. 거기에 더해 담을 수 있는 것도 같은 뜻으로 본다. 방 안에 아이들이 모여 있거나 마을에 사람들이 모여 사는 것도 다 마찬가지이다.

그릇, 자루, 주머니, 서랍, 지갑도 연못이고 국가도 연못이다. 국가는 그 안에 백성을 담고 있기 때문이다. 온 우주라면 담고 있는 것이 무수히 많다. 우주는 만물을 담고 있으니 그릇에 해당된다. 세상이 바로 그릇인 것이다.

사물은 담겨 있어야 편안하다. 들판에 노출되어 있는 것과 비교하면 이해하기 쉬울 것이다. 행복이란 마음에 즐거움, 기쁨 등이

221

담겨 있을 때 느끼는 것으로 이 또한 연못으로 표현한다. 정원이란 것도 비록 풀밭이기는 하지만 울타리가 쳐져서 외부와 경계가 지어지면 주역에서는 연못이 된다.

옛날 양반의 집을 보면 집 주위에 담이 둘러져 있고 그로써 마당이 생긴다. 이것도 연못이다. 대문 밖 마당은 연못으로 표현되지 않는다. 그 차이를 생각해 보라. 둘러싸여 있는 것, 보호받는 것이 바로 연못인 것이다. 엄마의 품, 조국의 품도 마찬가지이다.

담는 것의 종류를 좀 더 확장해 보자. 도서관은 책이 모여 있는 곳, 즉 책을 담은 그릇과 같은 것이다. 책 자체는 어떤가? 책은 그 안에 지식과 사상을 담아 놓고 있다. 그래서 책도 일종의 그릇이 된다. 주역에서는 그저 ☱(택)일 뿐이다.

좀 더 깊이 들어가 보자. 책에는 글이 있는데 글에는 무엇이 있는가? 바로 거기에 뜻이 들어 있는 것이다. 책은 단순히 글을 모아 놓는 것이고 글이야말로 그 안에 뜻을 담아 놓고 있다. 이것은 대단한 그릇이 아닐 수 없다. 자그마한 글자 하나에 거대한 뜻이 들어설 수 있기 때문이다. 예를 들어 天(천)이란 글자가 있다면 그 글 자체는 아주 작지만 天이라는 글자 속에 무한대의 뜻이 들어 있는 것이다. 이 얼마나 놀라운 일인가? 인류 문명 초기에는 글이라는 것이 없었다. 그러다가 어느 날 글이 생겨났다. 이때가 바로 문명의 시작인 것이다. 글은 책에 담기어 그 사상을 후세에 전한다. 세상에 글만 한 기능을 가진 존재는 다시없다.

글은 옛 성인이 ䷐(택천쾌) 괘상을 보고 발명했다고 원전은 전하는바 이는 ☱ 안에 하늘이 담겨 있음을 본 것인데, 하늘(☰)은 바로 정신, 즉 뜻을 표현하는 암호이다. 짐승에게도 말은 있다. 하지만 그것을 담을 글이 없다는 데 인간과 짐승의 차이가 있는 것이다. 사람은 책을 많이 읽음으로써 지식을 얻을 수 있고 이로써 인격이 향상될 수 있다.

다시 ☱에 대해 따져 보자. ☱은 그릇인데 그것은 크고 작음이 있고 놓인 위치가 있다. 땅 아래에 큰 그릇으로 자리잡고 있는 것은 바다이다. 그런데 그릇이 크든 작든 이것이 하늘 위에 있다면 어떻게 될까? 그릇이 너무 높이 있지 않은가?

이는 두 가지 뜻을 함유하고 있다. 첫째는 자리가 위태롭다는 것으로 자제해야 한다는 것이고, 둘째는 충분히 채워졌다는 것으로 '마음껏'이란 단어가 바로 이것이다. 이 역시 더 이상 욕심을 내지 말라고 가르치고 있다. 높은 곳에 있는 그릇의 일례로 하늘 위에 물을 잔뜩 머금고 있는 구름을 들 수 있는데, 이 구름은 머지않아 떨어질 수밖에 없지 않은가?

인간의 직위도 너무 높으면 조심해야 하고 욕심도 한이 없으면 모든 것을 상실하게 된다. 인생이란 것도 적당히 갖추어야 하는 것이다. 그리고 사람은 편안할 때 그것이 무너질 것을 항상 염두에 두고 살아야 하는 법이다. 행복은 오래 저축할 수가 없다.

우리의 인생을 보라. 끝까지 행복을 유지할 수 있는 사람이 얼마나 되겠는가? 사람의 마음속에 채워 넣는 것에도 종류가 있다. 허영이나 자랑, 헛된 명예보다는 그야말로 빛나는 인격을 가득 채워야 할 것이다. 공자는 이 괘상에 대해 말했다. 택상어천쾌 군자이 시록급하 거덕즉기(澤上於天夬 君子以 施祿及下 居德則忌).

군자는 이런 괘상의 상황에서 녹을 베풀어 아래에 도달하게 하고 덕을 지키며 해서는 안 될 일을 꺼린다. 공자는 백성들의 무한한 욕구를 가상히 여기라고 가르치고 있다. 본래 인간의 욕망은 끝이 없다. 하늘(☰)을 다 삼키고자(☱) 하는 것이다. 군자는 백성의 욕망을 돌봐야 하지만 자신은 덕을 쌓는 것을 목표로 삼고 반드시 분수를 지켜야 한다. 하늘 위의 연못이 되지 말고 지킬 것을 잘 지키며 남의 욕망을 어느 정도 수용해 줘야 하는 것이다.

세상은 넓고도 넓다. 군자는 할 일도 많고 지킬 바도 많다. 사람은 욕심보다는 안전 의식에 충실해야 한다. 욕망과 노력은 다른 개념이다. 때로는 자신을 잘 지키는 것이 전진의 요점이 될 수 있다.

44

하늘 아래 바람이
두루 운행하다

천풍구
天風姤

자연현상들 중에 우연히 이루어지는 것들이 있다. 어린아이의 마음, 사람이 오다가다 만난 경우, 길을 가다 돌부리를 차는 것, 주식의 가격, 질병의 발생, 자동차 사고 등 셀 수 없을 정도로 많다. 실은 세상의 대부분의 현상이 우연인 것이다.

이런 것을 주역에서는 하늘 아래 부는 바람으로 표현한다. 바람이란 하늘에서든 땅에서든 제멋대로 불어 가는 것이지만, 여기서는 그저 불어 간다는 점만 선택해서 얘기한다. 높은 곳의 바람은 지나간 일 등을 말하는 것이니 여기서는 오는 바람으로 이해하면 좋을 것이다.

바람을 맞이한 순간이라면 우연 현상이 모두 여기에 속한다.

이는 갑자기 일어나서 종잡을 수 없는 경우를 일컫는데 사람은 애써 여기에 의미를 부여하고 싶어 한다. 미리 알아서 잘 다루고자 하기 때문이다. 그런데 우연 현상은 미리 알 수가 없다. 미리 알 수 있는 것을 필연이라고 하는바, 점치는 행위는 우연 현상을 필연과 결부시키려는 의도에서 나온다.

점의 진실성을 이 자리에서 얘기할 수는 없다. 그것을 제대로 다루기 위해서는 많은 분량의 논의가 필요하기 때문이다. 세계적 정신의학자 카를 융은 동시성이란 개념을 사용하여 점의 실용성 내지 진실성을 얘기했지만 동시성이라는 개념 자체가 우연이어서 점의 뜻을 다 설명하기에 부족하다.

어쨌든 여기서는 우연히 일어난 현상을 하늘 아래 바람으로 표현하는 이유만 알면 된다. 주역은 하늘 아래 바람처럼 돌발적인 사건도 다루는 학문이다. 징조라는 말이 있다. 이는 사건이 본격적으로 발생하기 전에 예시된 현상을 말하는데, 점이 바로 그것이고 꿈도 그런 용도로 해석되곤 한다.

징조란, 실은 모든 현상이 징조일 수 있다. 그것에서 미래를 예측할 수만 있다면. 흔히 불길하다는 말이 있는데 이는 어떤 현상이 나쁜 기분을 만들 때 사용한다. 그러나 이 또한 우연 현상을 다루고자 하는 인간의 욕망에서 나온 개념일 뿐이다. 물론 징조라는 게 없다고 말하는 것은 아니다. 징조라는 것은 분명히 있고 그것은 우연히 발생한다.

나는 언젠가 불길한 느낌을 주는 사건을 만났던 적이 있다. 여행을 하려는 시점이었는데 누군가 우산으로 자동차를 여러 차례 때리고 있었다. 당연히 기분이 나빴고 불길한 앞날을 예고하는 징조처럼 여겨졌다. 그러나 여행을 강행했고 사고는 없었다. 이는 단지 조심성을 가져야 한다는 것으로 이해하면 된다. 세상일은 모든 것이 조심스럽다. 이 중에서 유별난 일이 있으면 더욱 조심해야 하고 그것을 징조로 해석해도 좋을 것이다.

☰(천풍구) 괘상은 유별난 현상이 발생한 것을 뜻하며 이럴 때 우리는 방심할 수 없다. 경건한 마음으로 앞날을 대비해야 하는 것이다. 공자는 군자가 두려워해야 할 것 중에 운명을 첫째로 들었다. 괴상한 현상을 어떻게든 해석하고자 하는 것은 운명을 경계하기 위함일 뿐이지 결코 소심한 행동이 아니다. 세상만사를 살얼음 밟듯 하라는 옛사람의 가르침이 바로 경계심을 가져야 한다는 의미이다.

여기서 ☰ 괘상의 형태를 다른 괘상과 비교해서 살펴보자. ☰, ☶(천산돈), ☷(천지부), ☴(풍지관), ☶(산지박), ☷(곤위지). 여러 괘상을 나열했는데 여기서 무엇이 보이는가? 음이 아래에서부터 잠식해 들어가는 것을 볼 수 있다. 현상의 근저에서 음습한 현상이 발전하고 있는 모습이다. ☰ 괘상은 바로 그런 괘상의 시작인 것이다. 이때 경계심을 발휘해야 하는 것이 군자의 태도일 것이다.

옛날 어른들은 바람의 냄새로 비가 올 것을 대비했다고 한다.

그들은 주역의 ䷒를 느낀 것이다. 길을 떠나려는데 갑자기 어린아이가 운다거나, 좋은 자리에서 공연히 여자가 질투심을 내거나, 모두 찬성한 일에 누군가 이유 없이 반대하거나 하는 게 바로 같은 의미이다. ䷒는 우연 현상 그 자체를 얘기하는 것이기도 하지만 특별히 나쁜 일이 발생했을 때를 표현한 것이다.

이럴 때 징조라고 하는 것인데 몇 가지 예를 들어 보자. 중요 행사에 참가하기 위해 집을 나서는데 구두끈이 끊어졌다고 하자. 이것은 무슨 징조일까? 이는 계약 파기나 배신을 당한다는 뜻이다. 괘상이 ䷑(산풍고)이기 때문이다. 명절을 하루 앞두고 갑자기 아내가 아프다면? 이는 ䷑로서 가족의 불화를 뜻한다. 잔칫집에 가려는데 체했다면 이는 ䷛(택풍대과)를 의미하는 것으로서 기대하던 일이 망가진다는 뜻이다.

징조를 해석하는 방법은 발생한 사건의 괘상을 알면 된다. 이는 괘상에 해당되는 유사한 사건이 동반되기 때문이다. 이를 프랙탈 현상이라고 하는데 부분과 전체가 닮아 있다는 수학 개념이다. 부분은 즉 징조이고 앞으로 일어날 사건은 전체를 의미한다.

징조 해석은 사물을 괘상으로 표현하는 데 익숙해야 가능하다. 주역의 괘상을 잘 이해하고 그에 맞는 사물을 찾을 수 있다면 미래가 보이는 법이다. 주역은 만물을 분류하고 그것의 미래를 추적하는 학문이다.

그리고 잊지 말아야 하는 것 하나는 인간의 사소한 행동이 운명을 유발할 수도 있는데, 이는 프랙탈 현상이 괘상으로 변환하는 현상이 나타난다는 의미이다. 형상에는 그림자가 있듯이 미래의 그림자가 지금 나타나는 것이 바로 징조이다.

　이쯤에서 공자의 가르침을 살펴보자. 천하유풍구 후이시명고 사방(天下有風姤 后以施命誥四方). 옛 왕은 명을 내려 사방에 고했다. 이는 오늘날로 말하면 경계 경보를 발령한 것과 같다. 나라의 분위기가 음산하면 왕은 명을 발하여 백성을 계도하고 주의를 당부했던 것이다. ䷫의 ☴(풍)은 나쁜 기운이 도래하고 있는 모습을 보여준다. 인심이 흉흉해지거나 국경 분쟁이 심해지거나 질병 등이 도는 걸 하늘 아래 바람으로 해석한 것이다.

　어떤 사람이 독단이 심해도 이는 불길한 징조이다. 우연이란 일단 경계해야 할 일이지만 불쾌한 일이라면 더욱 경계해야 할 것이다. 상징적으로 양의 기운이 도래하는 동짓날에는 자제하고 음의 기운이 도래하는 하짓날에는 부지런해야 하는바, 좋은 일은 그대로 좋게 하고 나쁜 일은 이를 피하고자 하는 것이다.

45

전쟁 장비를 수리하고
미연의 사태에 대비하라

택지췌
澤地萃

이 괘상은 땅 위에 연못이 있다는 것으로 여기에는 간단한 뜻이 있다. 연못이 얕다는 것이다. 반면 바다는 땅 아래 자리잡고 있으니 깊은 것이다.

연못의 상징은 앞서 충분히 공부했다. 연못은 보금자리인데 우리의 가정이나 단체 등을 표현한다. 그리고 이것이 얕다는 것은 위태로움을 상징한다. 연못이 메말라 있는 것은 땅 위의 연못이니 당연히 그럴 것이다. 가정에서는 부모가 가난하거나 든든하지 못하면 이런 상태가 된다.

또 이사를 가서 아직 자리가 안 잡힌 상태도 낮은 연못으로 표현된다. 배경이 약한 사람도 마찬가지인데 땅 위의 연못이니 보잘

것없는 것이다. 국가나 단체도 위기에 처하면 이런 상태가 된다. 풍전등화風前燈火라는 말이 있는데, 이는 사방에서 재난이 도래하여 존재가 위태로울 때 쓰는 말이다. 주역은 그 모든 상황을 한마디로 땅 위의 연못이라고 표현한다.

풍수에서 어떤 집이 노출이 심해서 누구나 그 속을 들여다볼 수 있으면 이는 아주 나쁜 땅(집)으로 해석하는데 다름 아닌 ䷹(택지췌)에 해당한다. 가난한 사람은 언제나 이런 상태에서 살아가는 것이어서 불안하기 그지없다. 물고기가 얕은 물에서 사는 것도 이런 상태라고 할 수 있다.

사람이 가진 것이 없고 외로울 때도 같은 경우인데, 땅 위의 연못이니 담길 것이 적고 테두리가 약해서 주변 인물이 없기 때문이다. 또 사람이 깊이가 없고 아는 것이 적으며 천박한 사람도 이에 해당되는바, 물이 깊으면 그 사람은 속으로 깊고 행동도 가볍지 않게 된다.

하지만 ䷹ 괘상은 양의 기운을 끌어당기고 있어서 미래는 어둡지 않다. 괘상을 자세히 들여다보면 땅에 있는 음의 기운이 가장 위쪽으로 올라가 양 두 개를 끌어안고 있다. 이는 약하기는 하지만 노력은 가상한 것이다. 소위 말해 안간힘을 쏟아붓는 모습이다.

그리고 이 괘상은 주거 불안도 상징하고 있다. 좌불안석坐不安席이란 말이 여기에 해당된다. 땅 위의 좌석은 노출이 심해서 불안한 것이다. 이는 세상에서 단신으로 살아가면서 겪는 불안과 같다.

전쟁에서는 군대가 고립되어 언제 어디로부터 공격을 받을지 모르는 불안한 상황이다.

우리 자신은 외부의 변화로부터 얼마나 잘 견디고 있을까? 저축해 놓은 돈도 없고 친구도 없는 데다 사업도 근근이 이어 갈 뿐 대수로울 것이 없다. 사람은 이렇게 오래 살 수는 없는 법, 빨리 벗어날 것을 염원하게 된다.

집이라는 것도 자기 집이어야 편안한바 이는 깊은 연못과 같은 상태인 것이다. 누가 쫓아낼 수 없기 때문이다. 셋집에 살면 불안하다. 그리고 직장도 정규직이 아닌 임시직이면 불안한 것이다.

그런데 여기서 잠깐, 얕은 연못에 해당하는 집으로서 즐거운 곳도 있음을 생각해 두자. 캠핑을 갔을 때 튼튼한 집이 아닌 텐트에서 자는 것은 즐거운 일이다. 거리의 술집인 포장마차도 쉽게 마시고 쉽게 떠날 수 있어서 좋다. 바람둥이가 부담 없이 만날 수 있는 여자가 있으면 이 또한 편안하다. 깊은 관계가 아니어서 언제든지 헤어질 수가 있다. 반면 여자를 만나 결혼을 하면 헤어지는 것이 쉽지 않다. 이로써 두 사람의 관계는 깊은 연못과 같이 정착되지만 살아가는 불안은 가중된다.

인간이나 동물은 무엇보다도 살아갈 곳이 안정되기를 욕망한다. 국가도 안전하면 더 말할 나위가 없을 것이다. 세계를 보라. 전쟁이 일어나 살던 곳에서 쫓겨나 벌판을 헤매는 난민들도 있다. 우리는 안으로 마음과 몸이 안전한 곳이 있어야 하고 밖으로는 우리의 국가가 튼튼해야 한다.

공자는 이러한 상황을 경계했다. 택상어지췌 군자이 제융기 계불우(澤上於地萃 君子以 除戎器 戒不虞). 전쟁 장비를 수리해 두고 미연의 사태에 대비하라는 것이다. 국가는 항상 천재지변이나 전란 등에 대해 튼튼히 대비해 두어야 하는 것이다. 인생 자체도 그러하다. 위기는 언제나 찾아올 수 있는바 주변을 살펴 안전을 도모해 두어야 할 것이다.

또한 우리의 마음도 약하기는 마찬가지이므로 언제 무너질지 모를 정신을 강화시켜 두는 것이 절대 필요하다. 얕은 연못은 말라가는 법이니 연못을 보며 자신을 돌아봐야 할 것이다.

46

서두르지 말고
나아갈 수 있을 때 나아가라

지풍승
地風升

땅속에 바람이 들어가 있다! 이상한 현상인가? 그렇지 않다. 하늘도 땅속으로 들어갈 수 있는 것이 주역의 괘상이니 그 상징을 이해하면 된다. 그리고 ☴(풍)은 딱히 바람만 뜻하는 것이 아니라 나무나 생명력 등을 뜻하기도 한다. 씨앗도 ☴에 해당된다. 씨앗은 땅속에서 생명을 증식시키는 원동력이 되는 것이다.

☴은 원동력의 뜻도 있다. 망해 가는 회사에 자금이 투입되면 이것이 원동력이 되어 사업은 다시 활력을 얻는다. 우리 몸에 약물이 주입되면 병이 치료되는바 이것도 생명력을 주입하는 것이고, 이것이 바로 ☴의 의미인 것이다.

다만 바람은 땅속 깊은 곳으로 들어갈수록 힘을 더욱 발휘하는 사물인바, 이는 바람의 확산하는 성질로 인해 갇혀 있어야 그 기운이 활용되기 때문이다. 반면 바람이 높은 곳, 하늘 위에 있으면(☰☴풍천소축) 소비를 뜻하게 되니 ䷭(지풍승)과 비교된다.

그리고 ☴이 ☷(지)에 들어가면 굳어 있는 ☷를 흔들어 부드럽게 만드는 작용을 일으키기 때문에 ䷭을 부드러움 자체로 본다. 여성의 태도, 간호사의 손길 등이 그것이고 은근한 성격을 가진 사람도 이에 해당된다.

괘상의 모양 ䷭을 자세히 보면 양이 깊숙이 들어서 있다. 이는 건전지를 갈아 끼운 것과 같고 지갑에 용돈이 두둑한 것을 의미한다. 한편 괘상에서 ☷는 ☴ 위에 올라서 있으니 이는 전진을 상징하는 것이다. 괘상의 이름 승升은 그런 뜻에서 지어진 것으로, 사람도 내면이 건강하거나 돈이 있으면 날아갈 것처럼 전진하는 기상이 보인다.

관상법에 그 사람이 왠지 부드럽고 여유가 있으면 이는 ䷭으로서 운명이 좋은 것으로 판단한다. 또한 성격에 있어서도 꾸준한 것은 ䷭에 해당되는바 이런 사람에게도 같은 운명이 도래할 것이다. 이 괘상은 앞 장에서 공부한 ䷬(택지췌)를 뒤집은 것인바 운명이 그와 같을 수밖에 없다. 곤란을 뒤집으면 행운이 되고 행운을 뒤집으면 불운이 되는 것은 자연의 이치가 아닌가?

그리고 또 ䷭은 ䷘(천뢰무망)의 반대이므로 부드럽게 기운이 들어와 쌓이는 것이다. ䷘은 급작스러운 것이고 ䷭은 서서히 일어나는 현상이다. 땅속에 들어간 씨앗은 서서히 발아되는 법이다. 실은 자연의 모든 현상이 그렇다. 화산 폭발도 갑자기 일어나는 것 같지만 그 안에서 한참 동안 준비가 이루어진 후 일어난다. 여자가 갑자기 화를 내는 것도 실은 사전 작업이 마음속에서 일어난 결과이다. 사회의 갑작스러운 현상도 충분히 기다려서 일어난 것이니 잘 살피면 미래에 일어날 사건도 알 수 있다. 주역은 작은 단서에서 큰 것을 찾아내고 오늘날 일에서 먼 미래를 생각할 수 있게 한다.

공자는 이 괘상에 대해 다음과 같이 교훈을 주었다. 지중생목 승 군자이 순덕 적소이고대(地中生木升 君子以 順德 積小以高大). 땅에 나무가 심어져 있는 것이 승이니 군자는 이를 본받아 덕을 따르고 작은 것을 모아 큰 것을 이룬다.

이는 땅에 심어진 나무를 본받으라는 것인바 나무는 끊임없이 천천히 자란다. 학자가 학문을 쌓는 것도 이와 같이 해야 한다는 뜻이다. 무리함이 없이 때에 순응하는 것이다. 땅속의 나무는 서두르지 않고 나아갈 수 있을 때 나아간다. 매사에 순리를 따르면 거대한 작용을 이룩할 수 있는 법이다.

47

뜻을 밀고 나가면
하늘도 돕는다

택수곤
澤水困

연못은 그 위치가 매우 중요하다. 물은 아래로 흐르기 때문에 연못
은 위치가 낮을수록 소득이 크다. 높이 있는 연못은 그것이 가득
차 있을 경우 아래에 이익을 주기도 하지만, 자기 자신은 물을 얻
어 불리기가 쉽지 않다. 바다를 보라. 바다는 아래에 있기 때문에
그 많은 물을 담아 놓을 수가 있다. 한라산 백록담은 높이 있어서
물이 메말라 가고 있다.

☰(택수곤) 괘상은 연못이 높은 곳에 있는 모습이다. 반면 물은
바닥에 고여 있을 뿐이다. 재정이 바닥나고 금고가 텅 빈 상황이
바로 이러하다. 배가 고플 때도 마찬가지인데 음식을 먹지 못해 그
렇고 배가 너무 커서(?)일 수도 있다. 어쨌건 상대적으로 담겨 있

는 것이 적은 경우는 모두 이 괘상으로 표현한다.

사람도 자세를 낮추면 주변에 사람이 모여드는 법이고, 높이 잘난 척하면 사람이 모두 떠나가고 고독하게 된다. ䷒은 고독을 나타내기도 하는바 주변에 사람이 없다는 뜻이다. 텅 빈 것은 채우지 못해서 생기는 것으로, 욕심이 많은 사람은 채워도 채워도 텅 빈 것 같은 기분이다. 이 또한 ䷒에 해당된다.

도를 수행하는 사람에게 마음을 비우라는 말을 흔히 하는데 이는 욕심을 버리라는 뜻일 뿐이다. 지식이 텅 비어서는 안 될 일이다. 소인배는 욕심이 많아서 비어 있고 또한 배우지 못해서 비어 있다. 빈 수레가 요란하다는 우리 속담이 있는데 속이 비어 있기 때문에 그 안에 있는 것이 소란스럽게 하는 것이다. 아는 게 별것 없으니 그것이라도 뽐내야 하지 않겠는가. 그러니 소란스러운 것은 당연하다.

세상의 모든 사물이 담고 또한 담기는 것인바 그릇이 비어 있으면 매사가 곤란하다. 돈이 없으면 생활이 곤궁하고 먹지 못하면 기력이 없고 가정에 식구들이 없으면 쓸쓸하다. 이 모든 상황이 ䷒에 담겨 있는데 이 괘상은 결핍 외에 또 다른 뜻도 있다. 사람이나 물건이 어딘가에 갇혀 있을 때도 이 괘상에 해당된다. 메마른 연못을 생각해 보자. 물이 바닥에 깔려 있어서 연못 밖으로 나갈 수 없다. 이는 군대가 적군에게 포위되어 있는 상황과도 같고 사방에 산이 막혀 탈출하지 못하는 것과도 같다. 어린아이가 문 밖에 나가지 못하도록 방 안에서 보호받고 있거나 죄수가 감옥에 갇혀 있거나 환자가 병실에 갇혀 있는 것도 같은 뜻인데, 이들이 밖으로 나갈 수 없는 것은 그곳이 너무 넓다는 뜻과도 같다. 넓은 그릇의 물, 길을 잃고 가도 가도 탈출할 수 없을 때, 마약에 중독되어 있을 때, 사랑에 빠져 헤어나지 못할 때 등이 같은 의미이다.

원래 주역의 괘상은 두 가지 입장에서 바라볼 수가 있다. 이는 상괘와 하괘가 있기 때문이다. ䷜ 괘상은 속으로는 결핍이고 밖으로는 포위되어 있는 두 가지 곤란을 보여 주고 있다. 옛사람은 이 두 가지를 감안하여 괘명을 지은 것이다. 단지 이를 해석함에 있어서는 편리를 위해 한쪽만 얘기할 수도 있다.

다른 괘상들도 같은 형식을 갖고 있는데 예를 들어 ䷤(수산건) 괘를 보자. 산은 안개에 포위되어 있고 물은 편안히 담겨 있지 못하다. 곤란이란 것도 종류가 다양한 것이다. 물이 많아도 곤란, 없어도 곤란! 여기서는 물이 없어서 곤란한 ䷜이다.

이에 공자는 처신을 알려 주었다. 택무수곤 군자이 치명수지 (澤无水困 君子以 致命遂志). 군자는 곤란한 상황에 닥쳐서도 본래의 의지를 지켜 나간다. 이는 초지일관初志一貫을 말하는 것으로, 대개의 사람은 곤란한 일에 봉착하면 좌절하고 의지를 상실하는데 이는 군자의 태도가 아니다. 한번 세운 뜻을 굳건히 밀고 나가면 하늘도 이를 돕는 것이고, 쉽게 마음이 바뀌는 사람은 언제나 곤란에서 헤어날 수 없는 법이다.

48

우물이 모두에게 베풀 듯이
서로 베풀어라

수풍정
水風井

오늘날처럼 수도 시설이 만들어지기 전에 인간은 주로 우물에서 생수를 공급받았다. 우물은 세계 어디서나 이용되었는데, 이는 땅속에서 나오는 물을 퍼 올려 쓰는 것이다. 이때 우물에서 사용되는 물통은 나무로 만들어진 것인바 나무 위의 물은 우물을 상징하게 되었다.

오늘날에는 양철통이나 플라스틱 통이 사용되어 나무 위의 물이 우물을 상징하는 경우는 사라졌다. 하지만 여기서는 우물에서 물을 길어 올리는 방법이 중요한 것이 아니라 땅속의 물을 사용한다는 점이 요점이다. 모터를 사용해 물을 퍼 올려도 우물일 뿐이다. 우물은 근원이 땅속 어딘가로 이어져서 그것을 사용하는바 물뿐 아니라 석유일지라도 뜻은 같다.

액체를 공급하면 우물인데 실은 물이나 석유가 아닌 모든 공급 라인이 우물로 상징되는 것이다. 회사에서 월급이 계속 나오든 부모로부터 용돈을 받든 국가에서 연금이 나오든 모든 것은 같은 의미이다. 계속 공급되는 것은 다 우물인 것이다. 하늘에서 비가 쏟아져 땅에 물을 공급하는 것도 다름 아닌 우물로 해석한다.

괘상은 ䷯(수풍정)으로 되어 있는데 아래의 ☴(풍)은 공급을 의미하는 것이다. 엄마의 젖도 어린아이에게는 생명의 우물이 아닐 수 없다. 바람(☴)은 소통을 상징하는 괘상으로 공급이 이어지면 무엇이든 그 뜻은 같다.

여기서 ☴의 뜻을 좀 더 깊이 들여다보자. 먼저 연못, 즉 ☱(택)은 물이 고여 있는 것이고 ☴은 물이 흐르는 것을 나타낸다. 여기서 중요한 것은 물이 담겨 있는 연못은 한계가 있지만 흐르는 물은 계속 공급되는 우물과 같은 존재라는 것이다.

☷은 그릇인데 실제 그릇의 일종인 접시는 ☴에 해당된다. 그릇은 높아서 음식을 담아 놓는 것인 데 비해 접시로는 음식을 계속 공급할 수 있다는 뜻이다. 우리가 식사할 때 대개 접시를 사용하는데 이는 퍼다 먹기 편리하기 때문이다. 이때 접시는 이동성을 중시하는 것으로 바람의 성질이 이와 같다. 감추어 놓는 데 쓰는 지갑은 접시와 다르다. 한편 물건을 진열하거나 수북이 쌓아 두어 집어 가기 편리하게 만든 것은 바로 ☴의 기능을 살려 쓰기 위함이다.

서로 모여 대화를 나누는 것도 ䷝인데 마음을 열어 보인다는 뜻이 있다. 잔치나 파티 등이 이런 이유에서 만들어진 것이다. 사람의 매력 중에 새롭고 풍부함이 있는데 이 또한 ䷝이다. 이는 전장의 ䷮(택수곤)과 비교된다. ䷮은 결핍과 낙오를 뜻하고 이를 뒤집은 것이 바로 ䷝이다. 따라서 풍부하고 새롭다는 뜻이 성립하는 것이다. 대화나 주변의 사건 등이 한 곳에 집중되지 않고 다양한 형태로 이루어지는 것이 ䷝이다. 즉 우물은 흘러 나와서 널리 퍼져 나가는 사물이다.

수풍정의 속성을 보며 공자는 처신을 알려 주었다. 목상유수정 군자이 노민권상(木上有水井 君子以 勞民勸相). 군자는 우물의 상을 보고 백성을 위로하고 서로 도우라 권고한다. 이는 우물이 만민에게 베풀듯이 백성에게 베풀고 백성들이 우물물을 나누어 먹듯이 서로 돕고 살라고 권고한 것이다. 백성이 서로 살피면 태평천하라 할 수 있는바, 정부나 힘 있는 사람이 모범을 보이면 백성은 따를 것이다. 세상은 함께 이루어 가는 것이니 남과 나누며 살아가야 한다는 것이 공자의 가르침이다.

49

시기가 도래할 때까지
자중하라

택화혁
澤火革

불이라는 것은 높게 떠 있을수록 멀리 비추는 법이다. 여기서 불은 위대함, 지혜, 진리, 질서 등을 일컫는다. 또한 지식인, 어른 등을 뜻하기도 한다. 물이 어린아이라면 불은 어른을 뜻하는데, 이는 물처럼 어디 담겨 있어야 하는 존재가 아니라 스스로 자기 앞가림을 할 수 있다는 의미이다.

문명, 밝음도 모두 불을 상징하는 것인데 ☲(택화혁) 괘상을 보면 밝음이 어떤 그릇 속에 갇혀 있는 형상이다. 올바른 정치인이 탄압을 받고 있거나 과학적으로 위대한 이론이 사장되어 있는 상황도 이처럼 표현될 수 있다.

중세 유럽의 갈릴레이는 지구가 태양을 돌고 있다는 과학적

진리를 발견했지만 그 이론은 당시 종교 지도자들에 의해 발표가 금지되었다. 그뿐 아니라 그 이론을 발표한 갈릴레이도 평생 가택에 연금되어야 했고, 이 때문에 마땅히 인류가 알아야 할 진리가 한동안 집구석에 갇혀 있었다. 이로써 인류 문명의 발전이 커다란 지장을 받았음은 물론이다. 세상에는 이런 일이 있는 것이다. 남아프리카공화국의 정치 지도자 만델라Nelson Mandela는 군부 독재 아래 오랜 세월 감옥살이를 했는데, 이런 상황을 그려 놓은 것이 바로 ䷣ 괘상이다.

이런 일이 오래 계속되면 무슨 일이 일어날까? 사회는 혁명을 일으킬 수밖에 없을 것이다. 밝음이란 가두어 놓아서는 안 되는 것이다. 소위 말하는 양심수라는 것도 이런 상황에 해당된다. 밝음이 갇혀 있기 때문에 사회는 이를 고치기 위해서 혁명을 일으킬 수밖에 없는 것이다. 그래서 괘상의 이름이 혁革이 되었다. 이는 머지 않아 폭발되어 나올 것을 암시하고 있다. 때가 되면 반드시 그렇게 된다는 것이다. 밤에 태양이 바닷속에 잠겨 있어도 아침이 되면 떠오르지 않는가?

괘상의 구조를 바꾸어 생각해 보자. ䷣ 괘상을 바꾸어 ䷰(화택규)를 보자. ䷰ 괘상은 떠오르는 상태를 나타낸다. 바다에서 태양이 떠오르든 위대한 이론이 만천하에 공개되든 밝음이 높은 곳으로 향하는 것이다. 갈릴레이의 상황과 반대로서 밝음이 제 위치로 가는 것을 보여 준다.

이에 비해 ☲은 불이 갇혀 있는 것이다. 이로써 압력이 형성된다. 다 큰 어른을 집에 가두어 놓아도 같은 상황이 되는데, 집에 갇혀 있는 사람은 밖으로 뛰쳐나갈 때를 호시탐탐 노리는 것이다. ☲ 괘상을 정반대로 하면 ☵(산수몽)이 되는바 이 괘상은 어린아이가 자유롭게 돌아다니는 것을 표현한다. 그런데 하물며 어른을 가두어 놓아서 되겠는가!

세상의 위대한 이론도 때가 되면 온 세상에 알려지게 되는 법이다. 이를 억지로 가두어 놓으려 하면 압력이 발생하여 혁명으로 비화하는 것이다. 국가의 백성도 어떤 테두리 안에 가두어 놓으려고 하면 혁명이 발생하게 된다.

이 세상의 모든 사물은 때가 되면 그 성품이 나타나게 되는 법이다. 불, 진리, 밝음은 위로 향하려는 성질이 있다. 그리하여 빛이 마음껏 활동하게 되는데 그 상황은 ☲(화풍정)으로 표현된다. 이것이 반대로 뒤집어진 것이 ☵이다. 영웅이 할 일을 못하고 집 안에 갇혀 있는 꼴이다. 그 힘은 언제고 폭발하게 되어 있다. 만물은 때가 되면 제 갈 길로 간다는 것이고, 지금 당장 그 길이 막혀 있어도 천지 운행은 해방의 길을 맞이할 것이다.

공자는 이에 대해 언급했다. 택중유화혁 군자이 치력명시(澤中有火革 君子以 治歷明時). 군자는 이 괘상을 보고 달력을 만들어 때의 흐름을 밝힌다.

사회의 모든 움직임은 때와 함께하는 것이다. 인류의 문화에는 달력이 있어 인간 생활의 모든 때를 밝혀 놓았다. 농사라든가 국가의 계획이라든가 모든 것은 때에 따라 움직이는 것이다. 그리고 현재란 다름 아닌 미래의 어느 때를 기다리는 중이라고 볼 수 있다. 공자는 때의 중요성을 가르쳤고, 사람은 때가 도래할 때까지 자중해야 하는 것이다.

50

사물이 존재하는
위치를 살펴라

화풍정
火風鼎

이 괘상은 전 장의 ䷰(택화혁)을 뒤집은 것이다. 그러나 ☲(화)는 아래에서 위로 이동했을 뿐 괘상 자체가 바뀌지는 않았다. 그래서 ䷱를 부동괘라고 부른다. ䷱(화풍정) 괘상에서 우선 살펴볼 것은 화(☲)인바 이는 앞 장에서 다루었다. ☲는 밝음, 위대함, 어른, 질서 등을 의미하는데 여기에 아름다움, 꽃을 추가해 보자. 물론 뜻은 같다.

☴(풍)은 바람이고 나무라는 것은 이미 공부한 내용이다. 두 괘상을 합치면 나무에 피어 있는 한 송이 꽃이다. 이는 무슨 뜻일까? 꽃은 결실이란 뜻도 있는데, 꽃이 피었다는 것은 결실을 맺었다는 의미인 것이다. 들판에 피어 있는 꽃들을 살펴보자. 그들은 그 아

름다움을 세상에 내보이기 위해 열심히 살아왔다. 그리고 이제야 완성한 것이다. 상징으로서 올림픽에 나가 메달을 딴 것도 한 송이 꽃을 피웠다고 할 수 있다.

좀 더 깊게 보자. ䷲의 반대 괘상은 ䷂(수뢰준)인데 이는 어둠을 헤쳐 나가는 형상으로 어린아이가 미래로 나아가는 모습이다. 인생이란 미지의 세계를 향해 나아가는 행위라고 볼 수 있다. 그런데 그것이 완성되었다. 혼돈이 끝나고 결실을 맺었다는 뜻이다. 어린아이 시절에는 앞날을 알 수가 없었다. 그러나 어른이 되면서 그의 모습, 직위 등이 뚜렷해진 것이다. ☲는 뚜렷하다는 뜻이 있다.

어른이 된다는 것은 반드시 성공을 뜻하는 것은 아니지만 일단락이 되었다는 것이다. ䷲은 일단락을 의미하고 있다. 사람이 포부를 가지고 열심히 노력한 끝에 마침내 결실을 맺은 것이다. ☲는 대개 아름다움이나 성공을 뜻한다.

그러나 또 다른 뜻도 있다. 주역의 괘상은 뜻이 같은 것으로 무한히 확장할 수 있는 것이다. ☲는 조화라는 뜻도 있고 집합이란 뜻도 있다. ☵(수)가 흩어짐이라는 것과 비교하면 이해하기 쉬울 것이다. ☵는 가루, 안개 같은 것인데 ☲는 모여 있어서 선명하게 보이는 것이다. 우주는 처음에 ☵로 시작했던바 이는 한 치 앞도 알 수 없는 혼돈 그 자체였다. 그러던 것이 ☲로 변하면서 선명해졌고 우주가 질서를 갖게 된 것이다.

☲는 밀집인바 우주 초기에는 별이 없었다. 별은 입자들의 밀

집을 의미하는 것이다. 밀집된 것은 단단하다. 쌀이 그렇다. 밀가루가 ☷라면 쌀은 단단히 뭉쳐 있어 ☴인 것이다. 떡이라면 ☴의 뜻이 더욱 명확해 보인다. 떡은 쌀이 뭉친 것이고 쌀을 가루로 만들 수도 있다. 여기서는 ☴를 단단히 뭉쳐 있는 쌀로 상정해 보자.

☴는 위에 있다. 그 밑에 ☵이 있는데 이는 ☵이 ☴ 속으로 들어간다는 뜻이다. 솥을 보라. 그 안에서 무슨 작용이 일어나는가? 쌀을 익힌다! 솥은 열기나 습기 등을 뜻하는바 이것이 단단한 쌀 속으로 파고들어 부드럽게 만든다. 이것이 바로 밥이라는 것이다. ☴의 이름은 솥을 뜻하는 정(鼎)인바 이는 익힌다는 뜻이다.

익힌다는 뜻은 또 다른 의미가 있다. 이미 되어 있는 사람을 더욱 세련되게 만드는 것도 익힌다고 말하는데 ☶은 이미 결실을 맺었으면서도 아직 더 나아갈 곳이 있다는 뜻이다. 우리의 인생이 그렇다. 어린 시절은 혼돈스럽고 가능성이 많고 또한 정해지지 않은 ☷이었다. 어른이 되면 일단 결실은 맺지만 아직도 미래는 남아 있는 것이다.

☲은 나무 위에서 타오르고 있는 불인바 이는 사방을 밝히고 있는 모습이다. 전 장에서는 ☱(태화혁)이어서 ☲가 그 힘을 제대로 발휘하지 못한 상황인데 이제는 충분히 활동할 수 있는 상태가 된 것이다. 괘상은 위치에 따라 그 힘을 발휘하는 법이다. 활활 불타고 있는 장작더미를 보라. 그 불은 비로소 용도가 생긴 것이다.

공자는 이에 대해 말했다. 목상유화정 군자이 정위응명(木上有

火鼎 君子以 正位疑命). 이 괘상을 보고 군자는 먼저 위치를 바르게 하고 일어나는 사건을 맞이하였다.

이는 ☲가 제 위치에 가 있다는 것을 본 뜻이다. ☲는 하나의 사건, 결실 등으로 이를 명命이라고 하는데, 세상에서 일어나는 모든 일을 말한다. 그것은 제 위치에서 발생하므로 군자는 이에 따라 사물이 존재하는 위치를 살펴야 하는 것이다.

한 송이 꽃이 하늘을 향해 활짝 피어 있다. 꽃은 제 위치에서 빛나고 있는 것이다. 우리에게서도 언젠가는 한 송이 꽃처럼 성공의 모습이 드러날 것이다.

51

자연의 움직임을 보고
항상 두려워하고 경계하라

진위뢰
震爲雷

우리의 우주는 137억 년 전에 생겨났고 그 후 계속 활동하면서 오늘날에 이르렀다. 그 활동은 앞으로도 영원히 지속될 것이다. 이는 시간의 흐름을 뜻하는바, 우주가 움직이는 한 시간은 계속되고 또 한 시간이 존재하는 한 우주는 끝없이 움직인다.

대자연의 움직임은 그 내면에 하늘의 섭리가 작용하기 때문이다. 하늘은 양의 존재로서 천지 이전부터 스스로 존재해 왔다. 이것의 힘은 한계가 없다. 무에서 유를 만들고 끝나고 나서도 다시 시작하는 영원한 작용이다. 이 힘을 받아서 움직이는 것이 바로 우주의 현상인데 주역의 괘상으로는 ䷲(진위뢰)에 해당된다.

이는 움직임 자체를 나타내는 괘상으로서 자연이 끊임없이 움직여 나가는 것을 표현하고 있다. 이 힘은 진화의 원동력이기도 한데 진화는 정해진 목표가 없이 영원히 지속되는 자연의 절대 현상이다. 존재하는 것은 그 무엇이든 진화하는 것이다.

이를 ☳(뢰)로 표현하는데, 이 괘상을 살펴보면 아래쪽에 양이 자리잡고 있다. 이 힘은 당초 하늘로부터 비롯된 것이지만 자연계에 출현하여 음을 움직이고 있다. ☳ 괘상의 위쪽은 음인바 이는 양 위에 실려 있는 형상이다. 양이란 위로 작용하는 힘으로서 위의 음을 움직여 작용을 일으키는 것이다.

☳를 닮은 사물로는 무엇이 있을까? 바로 우레이다. ☳의 괘명이 우레(震)이지만 이는 일컫는 이름일 뿐 ☳는 우레에 국한되지 않는다. 우레 같은 것일 뿐이다. 우리 주변에 ☳는 참으로 많다. 우주가 살아 있기 때문이다. 살아 있다는 자체가 바로 ☳다.

☳을 이중으로 하여 ䷲로 표현한 것은 震의 작용이 계속 이어지고 있다는 뜻이다. 흔히 ☳는 진동을 뜻하는데 진동이란 양이 발출하는 것을 음이 막아서고 있기 때문에 생기는 것이다. 양은 음을 움직이고 음은 양을 막아서는 것이 바로 우주의 현상이다.

☳는 어린아이처럼 힘이 넘치는 사물을 뜻한다. 청년, 건강, 돌진, 생명 활동 등이 모두 이에 해당된다. 하늘을 나는 비행기, 자동차, 달리는 말 등도 마찬가지이고, 사람이 화를 낼 때의 모습도 ☳이다. ☳는 자연계에 동기를 부여하는 존재인바 우주의 작용이 비로소 시작된다는 뜻이 있다.

☳는 ☵(수)에 갇혀 있을 때는 혼돈이 되고 ☰(천) 위에 올라가 있을 때는 강력한 위용을 나타낸다. ☳는 또한 나아감을 뜻하는바, 전진, 창조, 개발, 개척 등의 뜻이 있다. 온 세상의 움직임이 있다는 것은 우주가 살아 있다는 뜻인바, 살아 있다는 것은 바로 ☳로 표현된다. 특히 동물이 그렇고, 우리 신체에서는 발을 의미하며, 젊고 건강하다는 것, 어떤 사업체가 잘 돌아가고 있는 것, 작용이 끝나지 않은 것도 모두 ☳를 의미한다. 예부터 ☳는 제왕을 표현하는 데 쓰였는데, 제왕은 인간 사회에서 가장 큰 힘을 발휘하기 때문에 그렇게 사용한 것이다.

자연과학에서 말하는 힘도 바로 ☳에 해당되는데 힘은 우주를 창조하고 또한 유지하는 존재이다. 자연계는 움직임으로 가득 차 있다. 이들은 어디로 향하는 것일까? 그것은 일정한 방향이 없다. 그저 활동하는 것뿐이다. 활동은 때로는 창조하고 때로는 유지되는 것이다.

공자는 이에 대해 본받을 지침을 내려 주었다. 존뢰진 군자이 공구수성(洊雷震 君子以 恐懼修省). 군자는 자연의 움직임을 보고 항상 경계하는 마음을 갖고 반성을 이어 간다는 뜻이다. 군자는 천명을 두려워한다는 것도 같은 뜻이다. 세상은 어떻게 변할지 모르기 때문에 경계해야 하는 것이다. 우레 소리는 상징인데, 자연의 현상은 미래의 어떤 것을 말하고 있다고 봐야 한다. 군자는 이를 살피며 두려워해야 한다는 것이다.

52

변치 않아야 할 것을
굳건하게 지켜라

간위산
艮爲山

괘상 공부를 위해 먼저 사회의 구조를 보자. 인간은 만물의 영장으로서 일찍이 자연계를 지배하였고 세상은 인간들 간의 각축장이 되었다. 사람들은 모여서 힘을 합치거나 배척하며 살아간다. 사람들의 세계에는 의리라는 단어가 있다. 이것은 동물 세계에는 전혀 존재하지 않는 개념이다. 인간만이 의리라는 개념을 이해하고 그에 따른 행동을 구사하는 것이다.

　의리란 무엇인가? 친구 간에 많이 사용하고 특히 조폭들은 의리를 중시한다. 이는 다름 아닌 변치 않는 마음을 뜻한다. 여자가 볼 때 남자는 어느새 마음이 변해 영원히 사랑하겠다던 맹세를 배신한다. 이를 두고 의리가 없다고 하는 것이다. 조폭 세계에서는 서로 똘똘 뭉쳐 범죄를 저지르기도 하는데 배신자가 나오면 그들 전체가 위험해진다. 배신자가 즉 의리 없는 놈이다.

사업 세계에서도 동지를 배신하는 일은 아주 흔하다. 정치의 세계에서도 마찬가지이다. 이 모든 경우에 의리 없는 자라고 말하는데, 의리가 없다는 것은 쉽게 변하는 놈이라는 뜻이다. 이는 인간의 견고성 문제이다. 《삼국지》에 나오는 관운장은 의리가 있고 아주 견고한 사람이었다. 그래서 그는 유현덕을 배신하지 않고 어떠한 고초도 견디었던 것이다.

변치 않는 마음은 견고하기 때문에 가능하다. 사람은 본래 쉽게 변하는 존재이다. 그래서 사회에서는 이런 사람을 경계하는 것이다. 그것은 어느 날 배신당해 모든 것이 무너질 것을 염려하는 것이다.

변치 않고 견고한 사물을 주역에서는 ䷳(간위산)으로 표현한다. 이 괘상은 간단히 말해 그냥 산 같은 존재를 뜻한다. 사회에는 그런 사람도 있다. 의리를 생명처럼 여기는 사람! 이런 사람은 산처럼 믿을 수 있는 것이다. 산은 그 안에 무수히 많은 변화가 있지만 산 그 자체는 그 자리에서 영구적으로 남아 있다. 설악산은 천 년 전이나 만 년 전이나 그 자리에 있었다. 그래서 산은 믿을 수 있는 존재인 것이다.

䷳은 또한 신용이 있는 사람을 뜻한다. 신용 없는 사람은 돈을 빌릴 때와 갚을 때의 마음이 다르다. 바람 잘 피우는 남자도 오늘과 내일의 마음이 다른 것이다. 이런 사람을 두고 믿을 수 없는 사람이라고 말하고 유식하게 말하면 신의가 없는 사람이라고 말한다.

신의信義! 이것은 인간의 모든 덕 중에서도 최고의 덕으로 알려져 있다. 이는 토土의 덕으로도 알려져 있는데 땅처럼 제자리를 지키라는 뜻에서 만들어진 개념이다. 신의가 있는 사람은 관직에 나아가면 충신이 된다. 여자가 신의가 있으면 절개가 굳다. 이 모든 것이 산의 덕인 것이다.

우리는 산을 어떤 존재로 보는가? 산은 높다? 크다? 많은 생각이 있을 것이다. 그러나 주역에서는 산을 정지停止의 개념으로 본다. 즉 변치 않는다는 뜻이다. 인내라는 것도 산의 개념에 부합하는데, 고난이 닥쳤을 때 무너지지 않고 꿋꿋하게 자신을 지켜 가는 것을 인내라고 부른다. 인내라든가 신용, 의리 등은 인간 생활에서 절대적인 개념이다. 어떤 사람은 약속을 해 놓고 번번이 어기거나 변경하는데 이는 산의 덕이 부족한 것이다. 사람은 오랜 세월을 두고 보면 그가 산 같은 사람인지 알 수가 있는데, 그런 사람은 호평을 받고 친구가 많다. 그리고 운명도 좋아진다.

세상은 변하지만 그중에서도 변치 않는 것이 있다. 부모의 사랑을 보자. 나이가 들어도 자식을 사랑하는 부모의 마음은 변치 않는다. 세상에 변치 않는 것이 없다면 불안해서 살 수가 없을 것이다. 우리의 희망, 신념, 철학 등도 산의 덕이다.

공자는 이에 대해 가르침을 주었다. 겸산간 군자이 사불출기위(兼山艮 君子以 思不出其位). 산이 중첩되어 있는 것이 간艮이니 군자는 이를 본받아 생각을 할 때 그 분수를 지킨다. 이는 군자라야 변치 않아야 할 것을 굳건하게 지킬 수 있다는 뜻이다.

53

서두르는 것은
느림만 못하다

풍산점
風山漸

새가 날아오르는 장면을 보자. 새는 처음엔 땅에 있다가 몇 걸음 걸으며 천천히 날아오른다. 비행기가 이륙하는 장면도 이와 같다. 마라톤에서 뒤에 처져 있던 주자가 서서히 속도를 높여 마침내 앞으로 치고 나가는 모습도 모두 같은 뜻이다. 이러한 상황을 주역에서는 ䷴(풍산점)으로 묘사한다. 움직이지 않던 ☶(산)이 ☴(풍)으로 변해 날아간다는 뜻이다. 산은 땅에 있고 바람은 하늘에서 날고 있는 모습이다.

또한 산에 나무를 심어 놓은 것이 ䷴의 형상이다. 굳건한 기초 위에 나무가 있어 잘 자라는 것이다. 어떠한 사물이든 갑자기 두각을 나타낼 때가 있는데 이를 표현한 것이 ䷴이다. 축구 경기에서

258

수비수였던 선수가 갑자기 앞으로 뻗어 나오는 모습도 마찬가지이다. 어린아이가 교육을 통해 점점 성장해 가는 모습도 산에서 자라고 있는 나무와 같은 것이다. 주가가 갑자기 오르는 것도 이런 모습을 취한다.

정지 후 비약, 자연계에는 이런 현상이 참으로 많다. 수행하는 도인들도 처음엔 진보가 없다. 그것은 ☶의 ☶이다. 그 후 분발하여 성장하게 되면 마치 날아오르는 것과 같다. 바로 ☶이다. 어린 아이는 서서히 자란다. 세상의 많은 현상들이 앞지르고 뒤처지고 하는바, 앞지르게 되는 현상을 ☶으로 표현한 것이다. 발전의 모습인데, 모든 발전은 처음엔 인내로 자리를 지켜야 한다. 그러다가 때가 되면 갑자기 비약할 수 있는 것이다.

산의 나무는 근원이 튼튼한 곳에 심어져 있다는 뜻으로 훌륭한 가정에서 자란 아이들은 이런 모습으로 커 가게 된다. 모든 사물은 서서히 그리고 빠르게 박차고 오를 때가 있는 것이다. 우리의 인생도 어느 날 갑자기 잘 풀리는 때가 있는바 이것이 바로 산의 나무처럼 커 나간다.

그런데 모든 성장은 근거가 있어야 하는바 그것이 바로 ☶이다. 우리나라 속담에 "잘될 나무는 떡잎부터 알아본다"는 말이 있는데 이는 기초가 제대로 되어 있는 것이 결국은 성장할 수 있다는 뜻이다. 사업이나 공부도 이렇게 해야 하는 것이다. 사랑도 이런 식으로 이루어진다. 처음부터 급히 서두르면 연애는 시작도 못해 보고 파탄이 난다. 세상일은 천천히 침착하게 나아가야 하는 것이다. '급할수록 천천히'라는 말이 바로 이와 같은 뜻이다. 무술도 제대로 훈련이 된 사람은 짐짓 무심해 보이고 처음엔 동작도 별로 없다. 이는 어떻게 움직여야 하는지를 가늠하고 있는 것이다.

또한 ䷴은 높이 날아가되 근원을 잃지 말아야 한다는 것을 보여 준다. 새가 하늘로 날아오를 때도 내려올 때를 생각해야 하는 것이고 사업에 투자할 때도 상황을 예의 주시해야 하는 것이다. 실험실에서 약을 개발하는 것도 이와 같은 방식으로 이루어진다. 동물 실험으로부터 조심스럽게 사람으로 옮겨 간다. 그리하여 부작용이 없고 약효가 인정되면 그때 가서 적극적으로 투약을 실시하게 된다.

사람이 큰 포부를 가지고 일을 도모할 때는 서두르면 안 되고 산악을 등반하는 등 탐험을 할 때도 사전 준비가 철저히 이루어져야 한다. 군사 작전에 있어서 실전에 투입하기 전에 많은 훈련을 하는데 이것이 바로 ☶이고 나중에 실전에 투입되는 것이 ☴이다. 만물은 서서히 자라나는 법, 공자는 여기서 취해야 할 요점을 알려 주었다. 산상유목점 군자이 거현덕선속(山上有木漸 君子以 居賢德善俗). 군자는 ䷴을 보고 먼저 자신의 덕을 어질게 하고(☶) 나중에 그것을 백성에 이르게 한다(☴). 군자는 어려운 상황에서도 인격을 지키며 일을 도모할 때는 점차적으로 추진하는 것이다. 세상의 이치가 이런 것이다. 천천히 나아가도 기회는 얼마든지 있다. 서두르는 것은 느림만 못하다는 것을 ䷴은 가르치고 있다.

54

모든 사물이
힘을 다함을 알라

뇌택귀매
雷澤歸妹

이 괘상은 전 장에서 다룬 괘상을 뒤집은 것이고 또한 음양을 완전
히 반대로 한 것이다. 따라서 뜻은 반대가 될 수밖에 없다. 주역의
괘상이 만약 음양이 완전히 반대로 바뀌었는데도 그 뜻이 반대로
바뀌지 않는다면 괘상의 뜻은 없어질 것이다. 양의 반대는 음이고
음의 반대는 양일 뿐이다. 앞 장에서 ䷴(풍산점)은 점차적 성장이라
는 것을 공부한 바 있다. 따라서 ䷵는 그 뜻이 정반대, 즉 점점 쇠
퇴해 가는 상황을 그린 것이 된다.

　이 장에서 ☷(뢰)의 뜻을 좀 더 깊게 다루어 보자. ☷ 괘상은 음
이 2개이고 양이 1개이므로 총체적으로는 무게가 아래쪽으로 쏠
릴 것이다. 음이란 무거운 것을 뜻한다. ☷에서 양 하나는 아직 큰

261

힘을 발휘하지 못하는 형상이다. 반면 ☱(태)은 양이 2개이고 음이 1개이므로 총체적으로는 위로 떠받들려지고 있는 것이다.

☳와 ☱은 둘 다 아래가 양으로서, 양이 점차적으로 위로 성장하는 것을 의미한다. 다만 ☳는 ☱에 비해 양의 힘이 미약할 뿐이다. 다음을 보자.

$$☳ → ☱ → ☰$$

이 괘열은 양이 쌓여 나가는 것을 보여 준다. ☳는 양이 시작되었으나 충분하지 않다. 반면 ☱은 양이 충분히 쌓인 것이고 ☰(천)은 양이 무한함을 의미한다.

이제 ䷵(뇌택귀매)를 보자. 이 괘상은 위에 있는 ☳가 무거워서 ☱ 쪽으로 침몰하는 모습을 보여 주고 있다. ☳는 전진을 상징하는 괘상이지만 ☱에 비해 아직 양이 약하다. 주역의 괘상은 상대적인 개념이므로 두 괘상의 차이로 의미를 해석할 수 있는 것이다. ䷵에서 ☱은 집과 같은 것이고 ☳는 집에서 떠난 것으로 그 힘이 약해 되돌아올 수밖에 없다. 이는 새가 둥지를 떠나 열심히 활동하지만 결국은 힘이 약해 둥지로 돌아올 수밖에 없다는 것을 보여 준다.

여기서 주역의 문법을 보면 하괘는 현재이고 상괘는 미래인 바, ䷵는 ☱ → ☳의 과정을 나타내고 있다. 이는 양의 기운이 약해지고 있는 모습이다. 아침에 출근했던 사람이 집으로 돌아올 수밖에 없는 모습이고 출세를 위해 고향을 떠난 젊은이가 지쳐서 고향으로 돌아오는 모습이다.

원전에서 다루고 있는 것은 아주 극단적인 것으로, 시집간 여인이 되돌아오는 것을 상정하고 있다. 처참한 상황인 것이다. 사연이 무엇이든 간에 결과적으로는 집으로 되돌아온다는 뜻이다. 애처로운 일이거니와 사물이란 힘이 소모되는 것이기 때문에 처음 모습이 나중에도 같을 수는 없는 법이다. ䷵는 자기 영역을 탈출하고자 하나 역부족임을 나타내는 괘상인 것이다. 공자는 이렇게 설명하고 있다. 택상유뢰귀매 군자이 영종지폐(澤上有雷歸妹 君子以 永終知敝). 군자는 이 괘상을 보고 모든 사물이 종래에 가서는 힘이 다함을 알라고 얘기하고 있는 것이다. 이는 무슨 일을 하든 처음부터 그 끝을 잘 생각해 보고 시작하라는 교훈인 것이다. 누구나 출발할 때는 힘이 넘친다. 하지만 자연의 섭리는 힘이란 점차적으로 약해진다는 것을 보여 준다. 우리 인생도 점차 늙어서 나중에는 힘이 다하고 갈 곳으로 돌아간다. 사람의 만남도 처음엔 좋다가 나중에는 싫증이 나는 법이다.

䷵ 괘상은 세상의 사물이 나중에는 그 힘을 다한다는 것을 가르치고 있다. 모든 것이 그렇다. 그러하므로 우리는 일의 시작부터 그 끝을 생각하는 조심성을 길러야 한다. 일이란 성공하기 위해서 시작하는 것이지만 실패를 상정해야 한다는 뜻이다.

《손자병법》에 이런 말이 있다. 패했을 때의 피해를 모르는 자는 승리의 이익을 논할 수 없다. 한 가지만 보고 달려갈 것이 아니라 항상 신중하여 양면을 모두 살펴야 하는 것이다.

55

전진은 좋지만
그 속도는 반드시 조절되어야 한다

뇌화풍
雷火豐

만물을 표현하는 괘상은 8개, 즉 8괘인데 이것이 상하로 배치됨에 따라 그 작용을 나타낼 수 있다. 8괘는 아래 있을 때와 위에 있을 때 그 작용이 다르게 나타난다. 이는 아래 있는 괘상은 위로 작용하고 위에 있는 괘상은 아래로 작용하기 때문이다. 예를 보자. ☳(뢰) 괘상은 위에 있을 때는 ☳의 맨 아래의 양이 아래로 작용하고 아래에 있을 때는 ☳의 위쪽에 자리 잡고 있는 음이 위로 작용하는 것이다.

☲(화), ☵(수), ☷(지), ☰(천) 등은 위아래 어느 곳에 있어도 작용이 동일하다. 그래서 부동괘不動卦라고 부른다. 이외의 4개의 괘상은 동괘動卦이며 상하 위치에 따라 작용이 변한다. 이 장에서 다

룰 괘상은 ☳와 ☲로, 동괘인 ☳는 위에 있을 때와 아래 있을 때 작용이 다르다. ☳는 위에서 아래로 누르는 작용을 한다. 발로 땅을 밟고 있을 때, 망치로 무엇인가를 때릴 때의 작용이 바로 이것이다.

무거운 물건을 위에 놓고 아래로 누르는 작용은 일상에서 흔히 볼 수 있다. 식품 재료에서 물기를 빼낼 때 무거운 물건으로 눌러 놓은 것이 그것이다. 사람을 억누르며 제압하는 것도 같은 뜻이다. 큰 소리를 질러 주변을 꼼짝 못하게 하는 것도 ☳의 힘이 아래로 작용하는 것이고, 권력자나 지휘관이 아랫사람을 다스리는 것도 ☳의 작용이다. 또 어린아이들이 무엇인가 행동하려고 할 때 이를 막는 것도 같은 작용이다.

즉 ䷶(뇌화풍)은 ☳가 위에서 아래로 눌러주고 있는 상황인데 아래에 무엇이 있느냐에 따라 뜻이 달라진다. 현재 이 괘상은 ☲가 아래에 있어서 ☳로부터 제압당하고 있는 모습이다. ☲는 무엇인가? 앞서 공부하기를 이는 빛, 아름다움, 꽃, 질서, 어른 등이었다. 여기에 하나 더 추가하면 뭉친 것, 덩어리, 쌓인 것 등의 뜻이 있다. 식품 재료인 오이지나 동치미를 만들기 위해 돌 같은 것으로 눌러 놓는 것이 ☳이고 이로써 재료를 단단하게 만든 것이 ☲이다.

☲는 또한 사람인바 ☳로 누르고 있으면 구금이나 구속 상태가 된다. 레슬링을 할 때 상대 선수를 밑으로 깔고 누르고 있을 때의 모습이 같은 의미이다. ☳는 또한 뭉치는 작업을 표현하고 있어서, 눈사람을 만들 때 눈덩어리를 둘레에 눌러 붙이는 것도 위에서 아

래로 누르는 작업에 해당된다. 그리고 돈을 저축해 나가는 과정도 이와 같다.

䷽ 괘상의 정반대인 ䷺(풍수환) 괘상은 사물이 흩어지는 것을 표현함으로써 뭉치는 것을 표현한 ䷽ 괘상과는 반대가 됨을 알 수 있다. 그 외에 ☳는 권위, 위엄, 씩씩함, 명령 등의 뜻이 있는바 권위가 높은 곳으로 향할 때 바로 ䷽이 되는 것이다. ䷽ 괘상은 ☵ 즉 권위가 사람이나 정당함을 뜻하는 ☶ 위에서 작용함으로써 사람을 압도하는 권위, 정당한 권력 등을 의미한다.

공자의 가르침을 보자. 군자이 절옥치형(君子以 折獄致刑). 군자는 이를 본떠 처벌 등의 법을 행사한다. 이 뜻은 ☵ 즉 사람이 옥에 갇히는 모습을 표현한 것이고 법의 권위는 정당함(☶) 위에서 이룩되어야 함을 강조하고 있는 것이다. 사람은 자유를 바탕으로 살아가지만 행동이 지나칠 때는 그것을 제압할 필요가 있다. 또한 어른이라 해도 때로는 집 안에 틀어박혀 자중하고 반성해야 할 때가 있는데 그 모습을 그린 것이 바로 ䷽이다. 나아감을 경계한다는 뜻이다. 튀는 행동을 하지 말라고 한 것도 ䷽의 가르침이다. 전진은 좋지만 그 속도는 반드시 조절되어야 하는 것이다.

56

정치는 백성을 자유롭게 하는 데서 시작한다

화산여
火山旅

불은 위로 향하는 성질이 있다. ☲(화)의 모양을 보면 아래위로 양이 있어 그 힘에 의해 위로 날아가는 것이다. ☲의 반대 괘인 물은 ☵(수)인바 상하로 음이 있어 아래로 내려간다. 주역에서는 음과 양이 있어 방향을 정할 수 있다. 양이란 밖으로 위로 미래로 날아가는 성질이 있고 음이란 안으로 아래로 과거로 향하는 성질이 있는 것이다. 이 장에서 다룰 괘상은 ䷷(화산여)로 먼저 위쪽을 보자.

☲는 자유롭게 위로 날아갈 수가 있다. 전 장에서 ䷜(뇌화풍)은 ☲가 갇혀 있었는데 지금은 그것이 풀린 것이다. 괘상을 뒤집으면 그 뜻도 바뀌는 것이 주역이다. 이 때문에 주역은 과학이 될 수 있는 것이다. 주역은 문학처럼 느낌을 다루는 것이 아니다. 엄연한

논리에 의해 성립되는 것이 주역이다. ䷻를 이해하기 위해 음양을 정반대로 바꾸어 보면 ䷼(수택절)이 된다. ䷻는 ䷼의 반대가 되어야 하는 것이다.

䷻은 무엇이었나? 그릇 속에 무엇인가 담겨 있는 것이다. 지갑 속의 돈도 좋고 어린아이가 엄마 품에 담겨 있어도 좋다. 담겨 있으면 모두가 ䷻이다. 반면 ䷷는 담겨 있지 않은 것이다. 외출 중이라도 좋고 여행 중이라도 좋다. 집 밖에 있거나 중심으로부터 멀리 나가 있으면 그 무엇이든 ䷷로 표현한다. 자유롭고 발전하는 모습이다. 인류는 30만 년 전 아프리카를 떠나 전 세계로 퍼져 오늘날에 이르게 되었는데 ☶(산)이 아프리카에 해당된다. 고향이 바로 ☶인 것이다.

䷷는 고향을 떠나고 집을 떠나 있는 모습이다. 사람은 때로 본거지를 떠나야 할 때가 있는데 그 모습을 보여 준다. 그뿐이다. 주역은 만물의 형상을 그대로 보여 주는 학문이다. 그래서 논리적으로 완벽한 해석이 존재하지만 그것에 대해 어떤 느낌을 갖는지는 상관하지 않는다. 다만 사람의 느낌이 사물의 실체를 파악하는 데 맞아떨어진다면 좋을 것이다.

䷷ 이 괘상의 이름은 여행 여旅이다. 옛사람은 집을 나가는 것이 여행이라는 것을 주역을 통해 밝혀 놓았다. 먼 옛날 인간의 집이라고 해 봤자 동굴이나 숲, 바위틈 등이겠으나, 머물던 곳을 떠나 살기 좋은 곳을 찾았던 것이다. 결국 집이라는 것을 지어 정착

하게 되었지만 인류의 이동은 아직도 계속되고 있다. 인간에게는 어디론가 떠나고 싶은 욕망이 있다. 그것을 나타내 준 것이 바로 ䷷이다.

주역 64괘는 모두 인간 사회와 닮아 있고 또한 그것은 우리의 마음속에 내장된 본능이기도 하다. 때가 되면 있던 곳을 떠난다는 것이 ䷷의 핵심 내용이다. 다시 돌아오는 것을 전제로 떠나는 것을 여행이라고 하는데 주역에서는 떠나는 그 내용만 얘기할 뿐이다. 왜 떠나느냐, 어디로 가느냐, 어떻게 가느냐는 문제가 아니다. 떠나느냐 마느냐가 문제일 뿐이다.

여행이든 이주든 인간의 자유 본능에서 비롯되는바 여행을 할 때는 일상을 벗어나게 된다. 집뿐 아니라 격식을 떠나 자유롭게 되는 것을 나타내는 것이다. 공자는 이 괘상에 대해 평을 남겨 놓았다. 군자이 명신용형 이불류옥(君子以 明愼用刑 以不留獄). 군자는 이 괘상의 성질을 본받아 형벌을 행할 때는 밝음과 신중함으로 시행해야 하며 가급적 사람을 가두지 말아야 한다. 이는 사람을 공연히 가두지 말라는 뜻이다. 정치라는 것은 백성을 자유롭게 하는 데서 시작해야 한다. 가둠으로써 정치를 하는 것은 폭정이고 국가 발전을 해치는 길이다. 사람에게 가장 중요한 것은 자유이다. 자유는 변화를 뜻하기도 한다. 본래 있던 틀에서 떠남으로써 진화가 이루어지는 것이다. 인류는 항상 어디론가 떠날 때 장래가 있다.

57

바람처럼
일의 방식을 바꾸어라

손위풍
巽爲風

바람은 제멋대로이고 그 방향을 종잡을 수 없는 존재이다. 변덕이 심한 사람, 어린아이 등이 그렇고 주식 시장도 그렇다. 여자의 마음도 이와 같을까? 바람은 휩쓸고 지나간다는 뜻에서 유행이다. 전염병 등과도 닮아 있다. 주역에서는 다 같은 의미이다. 자유롭고 가볍고 특별한 목표 없이 움직이는 것들이 다 여기에 포함된다. 시원시원한 성격이나 탁 트인 마음도 마찬가지이다. 어떤 사람은 쪼잔한 성격을 가지고 있는바 이는 바람의 성품과는 많이 다르다.

지나가면 잊어버리고 사람 일에 유감을 갖지 않는 것도 다 같은 뜻인데, 일정한 틀이 없다는 것이 공통점이다. 외교관의 마음도 이렇다. 원칙이 있는 사람은 과학자나 법률가 등이 적합할 것이다.

그러나 외교 문제에 있어서는 자신의 생각을 너무 고집하면 안 될 것이다. 사람의 일이므로 유연하게 대처해야 한다. 군대의 지휘관은 바람 같으면 안 될 것이다. 하지만 유치원 교사나 보모 등은 임기응변에 강해야 한다. 어린아이의 마음이 바람처럼 질서가 없기 때문이다.

바람의 모양을 보자. ☴(풍)으로 되어 있는바 양이 안으로 들어오지 못하고 있다. 이는 정착하지 못했다는 뜻이다. 바람이란 원래 그런 것이다. 한없이 돌아다니는 존재는 이로써 많은 기회를 만날 수도 있다. 바람이란 쉬지 않고 움직이는 존재이기 때문에 새로움을 상징하기도 한다. 괘상의 모양이 ☴인 것은 양이 어딘가로 들어서려는 모습인데 이 때문에 바람을 하늘의 사자라고도 부른다.

바람은 우연을 뜻하기도 하는바 세상만사가 일정한 틀이 있는 것이 아니다. 바람은 온 세상의 사물을 넓게 표현한 상징이다. 바람은 점을 치는 행위이기도 한데 이는 앞날이 바람처럼 알 수 없기 때문인 것이다. 웃음도 바람이다. 여유도 바람이다. 어떤 사람은 농담의 뜻을 잘 모르기도 하는데 이는 너무 심각하기 때문이다. 바람은 심각하지 않다. 심각한 것은 주역에서 ☵(뢰)로 표현하는데 이는 양이 음 속으로 들어왔기 때문이다.

어떤 사람은 작은 일을 끝까지 물고 늘어지는데 이런 사람은 ☵의 요소가 없기 때문이다. 또한 바람은 이것저것을 찾아가는 존재로서 정착할 때까지 이런 행위를 계속하게 된다. 진화란 바람 같은 환경에 바람처럼 대처한 끝에 적당한 방법을 찾아내어 그쪽으로 변해 가는 것을 뜻한다. 바람은 변화를 뜻하는바 세상의 모든 사물은 환경에 따라 변화하지 않으면 생존 자체가 위험해지는 것이다.

장사꾼도 너무 고집을 부리면 손님이 떠나간다. 이익을 좀 줄이는 한이 있더라도 유연성을 발휘하여 손님과 화합해야 하는 것이다. 특히 여자를 상대로 하는 장사는 더욱 그렇다. 여자는 연약한 존재이기 때문에 물건을 사려고 하다가도 장사꾼이 고집을 부리면 마음이 변한다. 유연성, 이는 사회생활에 절대적으로 필요한 성품이다. 영화 〈007〉에서 주인공인 제임스 본드는 아주 유연하여 위기를 잘 벗어난다. 세상은 그렇게 살아야 하는 것이다.

유연성은 지능 이상의 뜻이 있는바 지능이란 잘 알려진 방식에 따르는 것일 뿐이다. 세상일은 언제 어디서 무슨 일이 닥칠지 모른다. 한 가지 방식만으로는 살 수가 없다. 책을 한 권만 읽은 사람은 아예 안 읽은 사람보다 위험하다고 하는데 이는 자기가 아는 것만을 원칙으로 생각하기 때문이다. 그런 사람은 ☵이 아닌 ☶(산)으로 표현해야 한다.

공자는 바람을 보고 인간이 취해야 하는 태도를 밝혀 놓았다. 군자이 신명행사(君子以 申命行事). 군자는 바람을 본받아 일을 하는 데 있어서 이리저리 방식을 바꾸어야 하며 또한 바람처럼 부지런해야 한다고. 인생은 널리 경험하며 살아야 하고 일은 반복하면서 세련되게 발전해야 한다. 바람은 쉬지 않고 발전을 위해 움직이고 있다.

58

괴로울 때 힘을 내고
행복할 때는 공부하라

태위택
兌爲卦

사람은 왜 사는 것일까? 이에 대해서 철학적으로 여러 가지 답이 있을 것이다. 그러나 간단히 얘기하자면 사람은 행복을 위해 산다고 해도 무방할 것 같다. 물론 행복 이상의 가치도 있겠지만 그 또한 행복이라고 할 수 있을 것인바 삶의 목적은 행복에 있을 것이다. 그래서 사람들은 천국이나 극락, 낙원 같은 곳에 가고자 한다. 그곳이 어떤 세계인지 여기서 논할 바는 아니지만 아주아주 행복한 곳이라고 할 수 있을 것이다.

그럼 행복이란 무엇일까? 이 문제는 철학을 넘어 의학적인 문제이기도 하다. 그러나 답은 의외로 간단하다. 주역에서 정립한 개념을 보면 될 것이다. 행복이란 괘상으로 말하면 ☱(택)이 된다. 방법이 무엇이 되었든 결과적으로 행복은 ☰일 뿐이다. 행복의 정의가 바로 ☰이라는 뜻이다. ☰이 무엇인지는 주역 공부를 통해 계속 추구해 나갈 문제다.

☰이 무엇이기에 행복이라고 말하는가? 구조를 보라. 양이 안으로 가득 들어차 있다. 양이란 힘이고 가치이고 즐거움이다. 이것이 가득 차 있다면 행복이 아니고 무엇이겠는가! 흔히 사람의 마음을 그릇에 비유하는데 그릇 속에 힘이 가득 차 있다면 당연히 행복할 것이다. 우리는 엄마의 뱃속에서 무한히 행복했다. 온 우주를 통해 그보다 더 행복한 곳은 있을 수 없다. 천국이든 낙원이든 돈이든 명예든 권력이든 그 모든 것보다 엄마의 뱃속이 가장 행복한 세계인 것이다.

그것은 어떤 구조를 가지고 있는가? ☰의 구조를 묻는 것인데 이는 가득 차 있고 또한 보호를 받는다는 뜻이다. 그릇 속에 있으면 그 자체로 보호받는 것이고, 그릇 속에 값진(양) 것이 담겨 있다면 더 말할 나위가 없을 것이다. 사람에게는 이런 순간이 있다. 모든 것을 성취하고 만족한 위치에 가는 순간 말이다. 이럴 때 우리는 즐기는 것 외에 더 무엇을 해야 할까? 자공이 공자에게 물었다. "부자이면서 오만하지 않고 가난하면서 아첨하지 않으면 어떻겠습니까?" 공자가 답했다. "그것은 가당한 일이다. 하지만 부자이면서 예를 좋아하고 가난하면서도 그 가운데 낙을 찾는 것만은 못하다."

인생이란 가난하다고 죽어지낼 필요가 없다. 또한 부자가 되었다고 모든 것을 성취했다고 볼 수도 없는 것이다. 더 나아갈 곳이 있는 법이다. 공자가 말한 예의는 모든 학문의 시작을 의미한다. 공자는 이렇게 말했다. 정의는 길이요, 예의는 문이라고. 길을 가기 위해서는 문을 나서야 하는바 모든 인격의 시초가 예에서 비롯됨을 밝혀 준 것이다. 예의는 사랑과 문화이다. 인간은 사랑을 갖추어야 하며 문화도 갖추어야 한다. 삶의 목표가 또한 이런 것이 아닐까?

사랑과 문화는 ☱에 들어 있는 절대 개념이다. ☱은 그릇인바 당연히 격식이 있고 그 안에 담긴 것이 양이므로 사랑이 있는 것이다. ☱은 사람이 갖추어야 할 틀이고 그 속에는 반드시 사랑이 담겨 있어야 한다는 뜻이다. 세상에는 많은 경치가 있다. 그중에서도 우리는 연못을 보면 평화롭고 즐겁다. ☱의 뜻이 평화이고 즐거움이다. ䷹(태위택)은 ☱의 중첩으로서 가득 찬 행복을 나타내고 있다. 이럴 때 우리는 어떤 자세로 살아야 하는가?

공자는 밝혔다. 군자이 붕우강습(君子以 朋友講習). 모여서 공부하라는 뜻이다. 행복할 때 그것에 그치지 말고 더욱 전진해야 한다. 공부란 끝이 없다. 도인의 행복은 바로 여기에 있는 것이다. 우리 같은 보통 사람이라 할지라도 공부는 평생 놓칠 수 없다. ䷹의 상황은 행복 그 자체이지만 이때는 더욱 분발해야 하는 것이다. ☱은 또한 친구를 뜻하기도 하는바 지인끼리 서로 소통하며 공부

한다면 더욱 좋을 것이다. 괴로울 때 힘을 내고 행복할 때는 공부
해야 한다는 것이 공자의 간곡한 가르침이다.

59

먼저 하늘에 바치고
그다음에 사람이 갖는다

풍수환
風水渙

위에 있는 바람을 보자. ☴(풍)은 위쪽으로 열려 있는 모습이다. 양이란 그 위에 음이 있어야 멈추는 법이다. 그런데 이 괘상은 ☴이 위에 있어서 그것을 막아서는 것이 없다. 자유롭게 날아가 버리는 것이다. ䷺(풍수환)의 반대 괘상은 ䷟(뇌화풍)으로서 이는 쌓여 가는 모습인바 이것의 반대인 ䷺은 당연히 흩어지는 상황을 나타낸 것이다. 흩어지는 것은 우주의 만물이 최후에 겪는 과정이다. 사람도 죽으면 혼은 하늘로 가고 몸은 땅으로 스며들어 가는 것이다.

䷺ 괘상은 바로 그 점을 정확히 그리고 있다. 술 취한 모습도 ䷺ 같아서 자기 자신을 수습하지 못하고 마음대로 움직이는 것이다. 단정하지 못한 사람, 자유분방한 사람 등도 마찬가지이다. 뒤

끝 없다는 말이 있다. 이는 지난 일에 두고두고 감정을 갖지 않고 툭툭 털어 버리는 것을 뜻한다. 이런 사람은 스스로 긴장을 풀고 남에게도 시원한 모습을 보여 준다.

도인들은 수련함에 있어 마음에 거치적거리지 않게 모든 것을 다 버린다. 무소유라는 말도 있다. 이는 모든 것은 결국 없어지는 것이니 사물에 집착하지 말고 다 버린 상태가 되라는 뜻이다. 명예도 권력도 버리고 은퇴하여 자연으로 돌아가는 것도 바로 이 모습이다. 시원한 사람, 모든 것에 장애가 없는 사람은 세상 사는 일이 자유로울 것이다. 사람들은 평생 무엇인가를 마음에 담아 두고 살기 때문에 고통도 있는 법이다. 욕망이 없으면 고통도 없다.

세상의 사물은 모이고 또 흩어진다. 영원히 소유할 수 있는 것은 없다. 재산이란 것도 결국은 남의 손으로 넘어가는 것이므로 쓸 곳을 찾아 보람되게 써야 할 것이다. 흔히 미국인들은 평생 모은 재산을 사회에 환원하기도 하는데 이 모습이 바로 풍수환이다. 괘의 이름은 흩어진다고 하였는바 이는 그릇에서 쏟아진 물처럼 사라져 없어짐을 상징한다.

재물뿐 아니라 인생의 역사도 결국은 사라지고 잊혀진다. 모든 것이 잠시 머물고 있을 뿐이다. 그러한 것들에 대해 집착을 갖지 않으면 마음이 훨씬 자유로워지고 깨끗해질 것이다. 이것이 훌륭한 인생살이가 아닐까? 장자는 천지와 더불어 하나가 되었다고 하는바 이는 오고 감이 자유롭다는 뜻일 것이다. 오면 가지고 가면 놓아 버린다. 허공은 그 안에 만물을 싣고 있지만 그것을 소유하지는 않는다. 도인의 마음이 바로 그런 것이다.

바람이 와서 사물을 흩어 버리듯이 시간이 흐르면 모든 것은 무로 돌아갈 뿐이다. 이 괘상은 무소유를 뜻하지만 남에게 베푼다는 뜻도 있다. 만물은 원래 주인이 없다. 잠시 내게 온 것을 너무 아낄 필요가 없다. 남과 나누면 보람 있는 일이 아니겠는가? 빚을 탕감해 준다는 것도 이것이고 국가가 죄인을 풀어 주는 것도 풍수환의 모습이다. 공자는 이 괘상을 보고 군자가 취할 행동을 일러 주었다.

선왕이 향우제 입묘(先王以 享于帝 立廟). 군자라는 말을 여기서는 선왕으로 지칭했다. 군자의 뜻이 원래 왕이었던 것이다. 이 괘상을 보고 선왕은 하늘에 제사를 지내고 묘당을 건립하였는데, 이는 만물의 소유주인 하늘에 바치는 자세이다. 옛날에 황제는 하늘에 제사를 지내고 서민들은 조상에 제사를 지냈는데 이로써 천하가 안정되었다.

먼저 하늘에 바치고 그다음에 사람이 갖는다. 이것이 제사의 뜻이다. 또한 ䷲은 위로 새로움이 방출되는 모습인바 이는 향기로움을 하늘에 바치고 음식도 깨끗한 것을 먼저 제사에 올리는 것이다. 세금이라는 것도 국가의 은혜에 보답하는 뜻이 있다. 모든 것을 함께 나누자는 의미인 것이다.

틀을 갖추어 나가는
공부를 하라

수택절
水澤節

이 괘상은 전 장의 ䷺(풍수환)을 뒤집은 모양이다. ䷺은 쏟아진 물인데 이를 뒤집으면 담겨 있는 물이 된다. ䷻(수택절)은 연못에 물이 담겨 있는 모습으로 이는 연못이든 그릇이든 뜻이 같다. 그리고 물이 아니어도 좋다. 돈이 지갑 속에 있거나 사람이 방에 있거나 서랍 속의 잡동사니이거나 담겨 있는 것은 모두 ䷻로 표현된다. 사람이 고향에 머물고 있거나 조국 땅에 있는 것도 마찬가지이고 마음속에 생각이 있는 것도 다 같은 뜻이다. 어린아이가 부모의 품에서 보호받는 것, 단체에 소속되어 있는 것도 담겨 있는 것이므로 다 같은 의미가 있다.

　담겨 있다는 것은 틀 속에 있다는 것으로 행동이 예의 바른 경우도 ䷂이다. 대나무의 마디, 사관생도의 행진도 그렇고 격식에 맞는 모든 행위가 다 여기에 포함된다. 태권도의 동작, 노래의 박자, 춤의 형식도 일정한 틀이 있으므로 다 마찬가지이다. 특히 물을 볼때 이는 그릇 속에 담겨 있지 않으면 범람하는바 이를 가두어 놓은 것이 연못이다. 따라서 법률이나 규칙 같은 것도 모두 수택절로 표현되는 것이다. 이는 자유가 제한되고 있는 모습인바 존재하는 모든 사물은 일정한 형식을 갖추고 있다. 그 형식이 바로 수택절인 것이다.

훈련이란 일정한 동작을 반복하여 몸에 배어들게 함으로써 전투의 기술을 익히는 것이다. 바로 ䷂의 뜻에 해당되는 것이다. 사물은 틀에서 벗어나면 혼란이 오거나 불안하다. 그러나 틀 속에 들어가면 안정이 되는 법인데 이 모든 것이 물이 연못에 들어 있는 것과 같은 의미이다. 주역의 괘상은 그 형태와 기능이 유사한 것들을 모아 하나로 묶고 있다. 따라서 괘상은 하나이지만 그에 해당되는 사물은 무수히 많다. 그리고 이것을 이용하면 사물의 뜻을 이해할 수 있게 된다.

어떤 사물에 대해 그것이 무엇이냐고 묻는 것은 그것이 어떤 괘상에 해당되느냐를 묻는 것이다. 하지만 이런 것은 마음속에서 무의식적으로 일어나는 것일 뿐 주역을 공부하기 전까지는 자신이 무슨 생각을 했는지 막연하다. 그러다 일단 사물의 괘상을 얻어 내게 되면 그 뜻이 분명해지는 것이다. 세계적인 정신분석가인 카를 융은 인간의 마음속에 있는 무수히 많은 생각들이 일정한 틀을 갖는다는 사실을 발견했다. 바로 주역을 통해서이다. 그는 사람의 성격, 마음을 괘상을 통해 분류할 수 있었던 것이다.

괘상은 분류이고 또한 그 자체로서 기능을 가지고 있다. 사물의 뜻이 괘상이라는 형식에 합쳐진다는 것 또한 ䷻을 뜻한다. 사물은 처음엔 그 뜻이 애매모호하다. 물처럼 흔들리는 것은 이 때문이다. 이 혼란을 그릇 속에 집어넣으면 뜻이 단순해진다. 이로써 세상의 온갖 사물을 분류, 분석할 수 있는 것이다. 예를 들어 보자. 부모가 자식을 사랑하는 마음은 무엇인가? 이는 자식을 행복이라는 그릇에 담아 놓고 싶어 하는 마음인 것이다. 이로써 부모 마음을 단숨에 정리할 수 있게 되었다.

사람이 함부로 행동하는 것은 그 사람이 예의범절이라는 그릇에 들어가 있지 않다는 뜻이다. 공자는 예의를 중시했는데 이는 자유로운 몸가짐을 절제함으로써 인격을 배양하고자 함이었다. 즉 행동하는 방식을 아름답고 사랑스럽게 바로잡는 것이다. 질서란 사람의 행동이 규범에 어긋나지 않는다는 뜻인바 그릇 속에 들어 있는 사물은 분수를 지키게 되는 법이다.

공자는 ䷻의 뜻을 새기라는 가르침을 남겼다. 군자이 제수도의덕행(君子以 制數度議德行). 군자는 물이 그릇에 담겨 있는 것을 보고 인간의 모든 행위에 규범을 정하고 그에 따른 덕행을 논의했다. 이렇게 함으로써 인간이 뜻하는 바를 달성할 수 있게 되는 것이다. 공부란 다름 아니라 하나씩 틀을 갖추어 나가는 것이다. 안다는 것도 사물의 개념을 이해했다는 것인바 틀로써 사물을 다 이해할 수 있게 된다.

61

가둠을 멈추고
자비를 베풀라

풍택중부
風澤中孚

☱(택)은 양의 기운이 가득 차서 부풀어 오른 형상이다. ☴(풍)은 안으로 기운을 공급하기 위해 대기 중이다. 이러한 사물로는 어떤 것이 있을까? 닭이 알을 부화시킬 때 이와 같이 된다. 알은 안에서 점점 자라고 어미는 그것을 부드럽게 보호하고 있는 형상이다. 어린아이가 잘하고 있을 때 부모가 쓰다듬어 주는 모습도 이와 같은데, 격려를 뜻하고 잘되고 있는 것을 보조하는 형태인 것이다. 그래서 괘상의 이름이 중부中孚이다. 알을 품어 자라게 한다는 뜻이다.

아래에 있는 ☱은 담겨 있으나 열려 있는 형상인데 그릇에 따뜻한 음식이 담겨 있을 때가 바로 이 모양이다. 위에 있는 ☴은 스치고 지나가는 바람으로서 여러 사람이 음식을 떠 가는 모습을 보여 준다. 어린아이가 세상(☷)을 바라보며 자신의 꿈(☳)을 키우고 있는 것도 이와 같다. ☳은 밖으로 나서려는 기운이 솟고 있으나 지나치지 않은 것이다. 양의 기운을 위에 있는 음이 적당히 막아 주기 때문이다.

또한 위에 있는 바람은 급하지 않다. 천천히 움직이는 것인데 연못 위의 바람이 이렇다. 급한 바람은 연못 위에 있다고 말하지 않고 ☴(풍천소축)으로 표시되는바 이는 하늘 위에서 부는 바람이다. 총체적으로 ☴(풍택중부)는 적당하게 움직이는 것으로서 중용이 바로 이런 개념이다. 공자는 칼날 위에 설 수는 있으나 중용에는 능할 수 없다고 말했는데 적당한 것이 그토록 어려운 것이다. 대개는 많거나 적다. 흔히 '적당하게'라는 단어를 대충 하라는 의미로 사용한다고 알고 있으나 '적당'은 그런 뜻이 아니다.

진화하는 생물이 환경에 맞게 변화해 가는 것을 적당이라고 말하는 것이다. 알맞은 행동을 뜻함이다. 사람이 예의를 갖춤에 있어서 지나치면 오히려 무례이고 아첨이다. 적당히 해야 하는 것이다. 이것이 바로 아래에 있는 ☳의 역할이다. ☳의 위치가 적당하다는 뜻이다. 이미 공부한 내용이지만 ☳이 아래에 있지 않고 위로 올라가 있으면 이는 지나친 것으로 폐단이 많다.

사람의 행동 또한 바람처럼 부드러워야 한다. 너무 나서거나 빠르면 문제가 된다. 대인 관계는 중용이 가장 중요하다. 예의라고 하는 것도 중용이고 외교도 중용이다. 남의 마음을 살펴봐 주는 것도 중용인 것이다. 먼 옛날 성인은 이 괘상에서 물 위를 떠다니는 나무를 보고 배를 만들었다고 한다. 연못 위로 바람이 부는 것은 나무가 연못 위에 떠 있다는 것과 뜻이 같다.

☴☱ 괘상은 먼 곳에서 와서 접촉하는 것이니 악수나 포옹이 그 것이고 연인 사이에 키스를 하는 것이 풍택중부에 해당한다. 세상의 일은 가벼운 접촉으로부터 협력 관계가 이루어지는 법이다. 악수는 단순히 손을 맞잡는 것이지만 그 안에는 앞으로 잘해 보자는 상징이 담겨 있다. 그리고 ☴의 형상을 보면 구체적으로 ☲(화)와 닮아 있다. 이것은 다산 정약용 선생이 주목했던 내용인데 ☴의 뜻은 실제로 ☲와 동일하다. 따라서 ☴는 질서를 뜻하고 아름다운 품행을 뜻하기도 한다.

사람이 오다가다 스치는 것은 ☴로 표현하지 않는다. ☴는 의미 있는 접촉을 뜻하여 뒤따르는 작용이 있는 것이다. 공자는 이에 대해 해설을 담았다. 군자이 의옥완사(君子以 議獄緩死). 군자는 옥사를 논하고 처형을 사면해 준다. 이는 감옥에 보내는 것을 지나치지 않게 하라는 뜻이고 이제 그만 가두고 자비를 베풀라는 뜻이다.

특히 ☴는 새로 태어나는 모습인바 이유가 어찌 되었든 사람을 죽이는 일은 급하게 해서는 안 된다는 것이다. 국가가 죄인도 포용하겠다는 것이 사면인바 이로써 새롭게 시작하라는 뜻이다. 세상에는 지금 무슨 일이 진행되고 있을까? 또한 내 마음속에는 무엇이 자라나고 있는 것일까? 아름답게 성공하기를 바랄 뿐이다.

62

매사에 지나치지 말고
자제하라

뇌산소과
雷山小過

우레의 성질을 보자. 이에는 첫째 나아감이란 뜻이 있다. ☳(뢰)의
위쪽에 음이 있는바 이는 양을 뚫고 올라가 있는 것이다. 그래서
우레는 출구를 상징한다. 우레에는 또 다른 성질이 있다. ☳에서
양이 음의 아래쪽에 있는데 이는 파고든다는 뜻이다. 그래서 우레
는 나아가고 파고든다는 것인데 우레가 아래 있을 때는 위로 오르
려는 성질이 두드러지고 위에 있을 때는 아래로 파고들려 하는 것
이다.

☶(산)의 성질을 보자. ☶은 양 하나가 위에 있어서 마치 하늘
로 머리를 내민 모양이다. 산이란 위로 오르고 싶어 하는 존재이
다. 또한 ☶은 아래에 음 두 개가 있는바 이는 아래를 억누르는 성

질을 뜻한다. 그래서 산은 위에 있을 때 뚜껑이 되고 아래에 있을 때는 돌출을 의미하는 것이다. 이제 두 가지를 합쳐 보자. 우레는 한없이 오르고 싶어 한다. 하지만 하늘에 오르지 못하고 겨우 산에 올랐을 뿐이다.

☳(뇌천대장)은 우레가 하늘 위에서 잔류하는데 ☳(뇌산소과)는 우레가 산을 넘지 못한 것이다. 그래서 약간만 나섰다는 뜻으로 괘명을 붙인 것이다. 약간만 과하다. 이는 과하기는 하지만 미미한 수준이라는 의미이다. 산의 입장에서 보자. 아래에 있는 산은 위로 오르지 못하고 있는데 위에서 우레가 내리누르고 있다. 이는 위축됨을 뜻한다. 그나마 ☳(뇌지예)에 비해서는 내리누르는 힘이 약해서 약간 위축되었다는 것이다.

긴장과 위축은 마음껏 나래를 펴지 못하는 것으로 이는 심장병의 원인이 되고 소심한 사람도 되는 것이다. 사람은 너무 나서서도 안 되겠지만 너무 위축되어서도 안 될 것이다. 그리고 ☳는 가운데 양이 있어서 서로 싸우는 형상이다. 그래서 이 괘상은 반목, 결별 등을 뜻하기도 한다. 전 장의 괘상 ☴(풍택중부)는 가운데 음이 있어서 서로 끌어안는 형상이지만 ☳는 서로 밀쳐 내고 있다. 좋은 관계가 깨지고 냉랭한 분위기를 뜻한다. 서로 보고도 못 본 척하는 것이 바로 이 괘상의 상징이다.

행동을 조심하는 것도 이 괘상인데, 아이가 자고 있을 때 깨우지 않으려고 조심하는 것, 도적이 훔치러 들어갔을 때 소리 내지 않으려고 애쓰는 것도 같은 의미이다. 그리고 누가 화내고 있을 때 불똥이 자신에게 튀지 않도록 조용히 있는 모습도 ䷿이다. 태풍의 눈도 이런 뜻이 있다. 현재는 도사리고 있는 것이다. 세상의 많은 사물은 도사리고 있다가 크게 비약하기도 하는바 잠자코 있는 것을 무시해서는 안 될 것이다.

가만히 있으면 중간은 간다는 말이 있다. 아무 짓 안 하면 공은 없지만 해도 없다는 뜻이다. 반면 남을 위축시키면 그것은 반드시 보복을 받는 법이다. 사람은 행동을 항상 삼가야 한다. 공자는 이 괘상의 지침을 얘기했다. 군자이 행과호공 상과호애 용과호검 (君子以 行過乎恭 喪過乎哀 用過乎儉). 행동을 할 때 공경하고, 상을 당했을 때는 슬픔을 보이고, 사용하는 것에는 검소하라는 것은 매사에 지나치지 말고 본분을 지키라는 뜻이다.

자제하는 것과 소심한 것은 상태가 조금 다르다. ䷿ 괘상은 소심하라는 것은 아니고 단지 자제하라는 것을 가르치고 있다.

63

세상이 무상함을 알고
무상함을 이겨 내라

수화기제
水火旣濟

불의 기운은 위로 향하고 물의 기운은 아래로 향한다. 그래서 위에 있는 물과 아래에 있는 불은 쓸모가 있는 것이다. 물은 저절로 아래로 내려가는바 이것을 이용해서 발전기를 돌린다거나 농업용수를 받아 쓴다. 불의 작용은 이와 반대다. 위로 향하는 것은 음식을 끓일 수 있고 보일러를 돌릴 수 있다. 대자연의 사물은 각자 향하는 곳이 있다. 이것을 일컬어 엔트로피 증대의 법칙이라고 하는데, 온 우주에서 열은 찬 곳으로 향하고 냉한 기운은 뜨거운 쪽으로 향한다는 것이 그것이다.

에너지는 서로 섞여 자신의 기운을 상실하고 작용을 끝마친다. 우주는 종말에 가서는 아무런 작용도 존재할 수 없게 된다. 이를 열적 죽음이라고 표현하는데 시간의 흐름이 바로 이 방향이다. 시간이 그렇게 되는 것이 아니다. 그렇게 되는 것을 일컬어 시간이라고 부르는 것이다. 이것이 오늘날 과학에서 밝혀진 자연의 방향이다. 그런데 이런 현상이 어느 곳에서는 역방향으로 흐르는데 이것이 바로 생명 활동이다.

생명 활동에서는 뜨거운 기운은 아래로 향하고 차가운 기운은 위로 향한다. 온 우주에서 엔트로피가 증대되지만 생명체 내에서는 반대 현상이 일어나는 것이다. 이것을 흔히 태엽 감기라고 말한다. 그런데 생명체는 죽음이라는 것이 있어서 결국 대자연의 흐름을 언제까지나 역행할 수는 없는 법이다. 엔트로피의 법칙은 사회 내에서도 존재한다. 월급이라는 것을 보자. 회사에서 지급되는 이 돈은 직원을 통해 각 가정에 공급되는바 이들은 최종적으로 살림을 맡고 있는 아내에게 도달한다. 그러고는 이 돈을 쓰는 것이다. 버는 것은 태엽 감기, 즉 역엔트로피이고 쓰는 것은 엔트로피 현상이다. 어려운 개념을 얘기했는데 그저 자연의 모든 기운은 소모되는 것이라고 알고 있으면 된다.

엄마로부터 아이들에게 용돈이 지급되고 이 용돈은 물건으로 바뀌면서 소모된다. 이런 상황을 괘상으로 표현한 것이 ䷾(수화기제)이다. 이는 태엽이 감긴 상태를 뜻한다. 가장 쓸모가 있는 상태인 것이다. 모든 면에서 완벽한 것이 ䷾이고 충만하고 안성맞춤인 것이 바로 이 괘상이다. 우리 인체는 젊고 건강할 때는 뜨거운 기운이 아래쪽으로 내려가고 차가운 기운은 머리로 향한다. 나이가 들거나 건강이 상하면 반대로 머리는 뜨겁고 손발은 차가워지는 것이다.

길게 보면 태엽 감기란 잠시의 일일 뿐이다. 완벽한 것은 결국 손상이 오는 법이다. 힘이 약해지고 아름다움도 망가진다. 이것이 자연의 법칙이다. 어쩔 수 없는 일이거니와, 일시적이나마 자연이 완성을 보이는 것이다. 그러고는 다시 훼손된다. 이는 영원히 계속된다. 괘상 ䷾는 불이 아래에 있고 물이 위에 있어서 최상의 비축이다. 이것은 쓸모를 기다리고 있다. 그리고 마침내 그 수명을 다한다. 우리의 행복도 이와 같다. 영원할 수는 없는 것이다.

엔트로피 증대의 법칙, 즉 쓸모가 없어지는 법칙에 의해 우주의 전성기는 사라지게 되어 있다. 운명도 이와 같다. 언제나 좋을 수만은 없으니 경각심을 가져야 한다. 그렇다 하더라도 파괴적 종말은 오게 되어 있다. 이를 두고 인생이 무상하다고 말한다. 하지만 인생이란 종말보다는 그 과정이 중요한 것이 아닐까?

공자는 ䷾ 괘상에 대해 마음가짐을 설명했다. 군자이 사환이 예방지(君子以 思患而豫防之). 군자는 ䷾의 괘상을 보고 장차 환란이 클 것을 경계하고 그것을 예방하기에 힘쓴다. 세상의 모든 것은 무너지는 법이니 현재 좋은 상태라 하더라도 그것은 반드시 수명이 있다. 군자는 현재가 최선의 상태라 하더라도 그것을 즐기기만 할 것이 아니라 장차 변화가 도래할 것을 마음으로 각오해 두어야

한다. 그리고 힘닿는 데까지 현상을 유지하도록 노력해야 하는 것
이다.

완성이란 것은 가 닿기도 어렵지만 그 상태를 지키기란 더욱
어렵다. 사랑이라는 것도 힘들게 이루어 내지만 그것을 평생 유지
하기란 매우 어렵다. 건강도 그렇고 사업도 그렇다. 세상이 무상하
다는 것을 알고 살면 무상함도 이겨 낼 수 있을 것이다.

64

신중히 사물을 분별하여
제자리를 찾아라

화수미제
火水未濟

불이 위에 있고 물이 아래에 있으면 둘은 작용이 사라지고 쓸모가 없어진다. 이는 사물이 아름다운 질서는 없고 혼란만 가중된다는 의미이다. 세상에 존재하는 모든 사물은 종말에는 이렇게 된다. 그리하여 온 우주가 작용을 멈추게 된다. 그러나 이는 먼 미래에 일어날 일이다. 그동안은 우주 곳곳에서 기운의 파도가 일어나 부분적으로 태엽이 감기는 수도 있다. 특히 인간 사회가 그렇다. 하지만 완성된 모든 것은 언젠가는 파괴될 수밖에 없다. 이것이 대자연의 법칙이다.

온 곳으로 다시 돌아가는 것이니 균형의 법칙이 파괴되는 것은 아니다. 우주는 영원히 균형이 유지된다. 다만 태엽이 다 풀려 작용이 사라질 뿐이다. 그러나 영원한 세월로 볼 때 질서는 어느 곳에서 우연히 발생한다. 이것이 우리의 우주이다. 빅뱅은 뭉친 것인데 이는 우연이다. 우주에는 필연도 있고 우연도 있는 법이다. 우주가 태엽을 감게 된 것은 우연일 뿐이지 신의 은혜는 아니다. 아니, 어쩌면 신의 은혜가 우연을 통해 작용했을지도 모른다. 이는 관점의 차이일 뿐이다.

하지만 어느 경우라도 한번 만들어진 것은 반드시 파괴된다. 왔기 때문에 가는 것일 뿐이다. 이것이 주역에서 말하는 태극의 법칙이다. 대자연은 음이 있으면 양이 있고 양이 있으면 음이 있는바 이는 서로 순환한다. 순환 중에 지금은 모든 것이 제자리를 잃고 있다. 사물이 제자리를 잃으면 작용이 없어진 것인데, 즉 ䷿(화수미제)가 그런 상황을 그리고 있는 것이다. 비유하면 ☲(화)는 날아가는바 이는 돈은 날아가 버리고 ☵(수)가 내려온 것이다. 즉 가난이다. 가정에서 남편은 돈을 잘 못 벌고 아내는 사치하고 아이들은 제멋대로인 경우가 바로 이렇다. 사물이 제자리에 가 있지 않기 때문에 그 효용도 없어지고 있는 것이다.

국가 사회에서도 백성은 가난하고(☵) 고위층만 부자라면 바로 이런 상황이다. 우리의 몸이 머리만 뜨겁고 몸은 차갑다면 이 경우라 하겠다. 이런 상황에서 어떻게 대처해야 될까? 공자는 말한다. 군자이 신변물거방(君子以 愼辨物居方). 군자는 신중히 사물을 분별하여 제자리를 찾아야 한다. 혼란이란 그런 것이다. 무엇인가

제 위치에서 벗어난 것이므로 그 효용에 맞게 제자리를 찾아 주어야 하는 것이다. 유능한 사람에게 일을 맡기고 이를 지켜봐야 하며 모르면서 함부로 나서지 말아야 할 것이다.

　세상이 혼란한 것은 다른 일 때문이 아니다. 자격 없는 자가 자리를 차지하고 있기 때문이다. 재물은 백성에게 돌아가야 하고 정치는 어진 사람이 맡아야 한다. 하나씩 제자리를 찾아 간다면 마침내 혼란은 사라질 수 있다. 당초 지키지 못한 질서는 지금부터라도 애써 찾아가야 한다. 인간에게는 그런 힘이 있는 것이다.

깊은 깨달음에서 부지런한 실천으로

이상으로 64괘 모두에 대해 대강의 뜻을 설명했다. 아쉬움이 남지만 이로써 주역의 뜻은 확실히 전달했다고 믿는다. 세상의 사물은 끝이 없다. 하지만 그것을 유형별로 나누면 64개밖에 안 된다. 무한히 많은 사물이 고작 64개의 논리로 다 설명된다는 뜻이다. 이것이 바로 주역의 위력이다. 무한한 사물이 유한하게, 그것도 그리 많지도 않은 64개로 분류된다는 것이다. 공자가 평생을 바쳐 주역에 몰두한 이유도 바로 이것이다.

공자는 일찍이 많은 학문을 접했으나 끝이 없다는 데 실망했을 것이다. 학문은 과연 끝이 없다. 그러나 주역은 끝이 있다. 게다가 이로써 우주 만물을 다 알 수가 있다는 것이니 공자가 그토록 주역에 몰두했던 것이다. 《계사전繫辭傳》에서 공자는 이렇게 말했다. "글은 말을 다 담을 수가 없고 말은 마음을 다 담을 수 없다. 그렇다면 성인의 마음은 알 수 없는 것일까? 그렇지 않다. 성인은 상象으로써 모든 것의 구조를 보여 주고 괘상을 설명함으로써 할 얘기를 다 했다."

주역은 인류 최대의 학문으로서 그것만으로 우주의 모든 것을 알 수 있다. 괘상의 세세한 부분은 한없이 많을 것이다. 하지만 이 책에서 그 뜻을 남김없이 전달하고 있다. 주역의 뜻을 더 깊이 통달하고자 한다면 이 책에서 보여 준 내용을 기초로 해서 연구하면 될 것이다. 주역은 누구나 깨달을 수 있는 학문이다. 다만 그것이 한문으로 되어 있고 누군가 기초가 되는 논리를 설명해 준 바도 없어서 수천 년 긴긴 세월 동안 신비에 싸여 있었던 것이다.

신비란 원래 모르면 신비하나 알면 단순한 진리일 뿐이다. 이제 주역의 신비가 벗겨질 때가 되었다. 인류는 끊임없이 발전하면서 오늘날에 이르렀다. 이제 과학 앞에 모든 신비가 밝혀지고 있는 중이다. 주역도 마찬가지이다. 다행인 것은, 주역이 64개의 정밀한 암호로 표현되어 있어서 그 뜻이 분명하다는 점이다. 이는 오늘날 과학의 암호학에 해당되는 것으로 암호를 잘 풀면 모든 것이 확실해진다는 것이다.

하지만 주역이란 학문은 단지 그 뜻을 깨닫는 것으로 그치지 않는다. 주역에 담긴 만물의 뜻을 음미하고 실천해야 할 것은 실천

도 해야 한다. 그럼으로써 주역을 통해 우리의 앞날이 더욱 위대해
질 수 있을 것이다. 주역은 성인의 학문이고 또한 자연과학에 해당
된다. 이 책에서는 과학으로 시작하여 성인의 가르침으로 끝을 맺
었다. 독자 여러분은 이 책에 담긴 대로 괘상의 뜻을 따라가다 보
면 어려움 없이 주역의 모든 내용에 통달할 것이라 믿는다. 끝없는
발전이 있기를 천지신명께 기원하며 여기서 끝을 맺겠다.